Virginia Woolf
Ein Lesebuch

Anläßlich
des Erscheinens der
von Klaus Reichert
herausgegebenen
Gesammelten Werke

S. Fischer

Umschlaggestaltung: Sarah Schumann, Berlin
Gesamtherstellung: Wagner GmbH, Nördlingen
Printed in Germany 1989
ISBN 3-10-092581-5

Inhalt

IV Erinnerungen an Virginia Woolf

I Zur Ausgabe

Vorwort des Herausgebers Klaus Reichert

Virginia Woolf ist vielleicht die bedeutendste, gewiß ist sie die fruchtbarste Schriftstellerin dieses Jahrhunderts gewesen. Sie hat die Form des Romans von Grund auf erneuert, und ohne sie und James Joyce hätte die Entwicklung des Romans einen anderen Verlauf genommen. Sie hat die in England hochentwickelte Form des Essays auf neue, ungeahnte Höhen geführt, und sie hat mit ihrem großen Tagebuch ein Dokument der *condition humaine* geschaffen, das nur mit den großen Beispielen der Gattung – Pepys, John Evelyn, Saint-Simon – zu vergleichen ist. Nicht zuletzt ist Virginia Woolf eine der ersten Autorinnen, die sich konsequent um Geschichte und Zukunft weiblichen Schreibens in unserer Gesellschaft gekümmert haben. Durch diesen Aspekt ihres Werks wurde sie zur zentralen, nicht unumstrittenen Figur der internationalen Frauenbewegung.

Anders als in Italien oder Frankreich ist Virginia Woolf in ihrer Vielfalt, ihrer Breite, ihrem Rang in Deutschland erst noch zu entdecken. Bisher war nur ein kleiner Teil ihres Werkes zugänglich: die Romane bis auf einen, die kurze Erzählprosa zu etwa einem Drittel, von den über tausend Essays rund eine Handvoll, ein paar autobiographische Texte, nichts von den Tagebüchern, nichts von dem ebenfalls opulenten Briefwerk.

Mit der geplanten Ausgabe soll die Autorin in angemessener Vollständigkeit vor dem deutschen Publikum ausgebreitet werden.

– Die Ausgabe beginnt mit dem allerersten, bisher noch nicht ins Deutsche übertragenen Roman von 1915, *Die Fahrt hinaus (The Voyage Out)* in der Übersetzung von Karin Kersten. Alle übrigen Romane werden in neuen, dem syntaktischen und rhythmischen Sprachduktus des Originals enger angenäherten Übersetzungen folgen.

– Die kurze Erzählprosa (*The Complete Shorter Fiction,* 1985 und in erweiterter Ausgabe 1989) wird vollständig vorgelegt. In vielen der bisher noch nie übersetzten Erzählungen probiert Virginia Woolf Stile oder Figuren aus, die sie dann in den großen Romanen entfalten wird. Und wie in den Romanen findet sich konventionell Erzähltes (darunter Musterbeispiele der Kurzgeschichte) neben experimentellen Texten.

– Das immense essayistische Werk ist geeignet, eine sehr individuelle Einführung in die englische Literatur zu geben – hochgebildet und zugleich mit leichter Hand elegant hingeworfen: die Erfahrungen einer besonders empfindlichen Leserin mit allen Spielarten der schönen Literatur, der Wissenschaftsprosa, der Memoiren- und Briefliteratur, der Tradition, der Moderne.

Dieses essayistische Werk wird in zwei Reihen erscheinen. Im Rahmen der Gesamtausgabe werden die Essays in breiter Auswahl chronologisch vorgelegt. Daneben erscheinen Einzelausgaben, und zwar einerseits solche Sammlungen, die von Virginia Woolf oder ihrem Mann Leonard selbst zusammengestellt wurden – *Der gewöhnliche Leser* (*The Common Reader* von 1925) wird diese Reihe eröffnen –, andererseits eigens für unsere Ausgabe zu bestimmten Themen versammelte Texte – ein Band über *Frauen und Literatur* wird die Reihe fortsetzen. Alle Essays werden vom Herausgeber ausführlich annotiert.

– Das erstaunliche *Tagebuch*werk erscheint vollständig in 5 Bänden. Dieses einzigartige Dokument gibt ein Panorama der Kultur und Gesellschaft der zwanziger und dreißiger Jahre in England. Nicht nur die Literaten des Bloomsbury-Kreises passieren Revue, wir lernen auch die Denker, Wissenschaftler, Politiker der Zeit kennen, den Adel und die kleinen Leute, wie sie sich unter dem scharfsichtigen und oft boshaften Blick der Beobachterin präsentierten. Das Tagebuch ist das Dokument einer unablässigen Verwandlung von Welt in Sprache – nichts ist ihm zu gering, nichts zu hoch, alles ist mitteilenswert. Und in diesem Dauermonolog entdeckt der Leser immer wieder die Spuren, die ins erzählerische Werk führen oder aus ihm heraus. Somit ist das Tagebuch ein integraler Bestandteil des Werks, das erst so, in seiner Gesamtheit, in der Fülle seiner Wirklichkeitsausschnitte und -entwürfe lesbar wird.

– Das 6-bändige *Briefwerk* wird etwa zur Hälfte auf deutsch erscheinen. Ähnlich wie beim Tagebuch ist das Mitteilungsbedürfnis allumfassend, so daß sich die Briefe nicht, wie etwa bei Proust, unterteilen lassen in solche zum Werk und solche zum Leben. Die Briefe sind klatschsüchtig, lebendig, frech, intelligent und jeweils im Ton in gewisser Weise bestimmt durch den Adressaten. Sie zeigen Virginia Woolf gleichsam im Gespräch und sind mithin das einzige, was von ihr, die man ›a great talker‹ genannt hat, in dieser Form erhalten ist.

– Den Abschluß der Ausgabe bilden die sogenannten Biographien, also der berühmte *Flush. Die Biographie eines Hundes* in neuer Übersetzung und der bisher unübersetzte *Roger Fry,* sowie die Frauenschriften *Ein Zimmer für sich* und *Drei Guineen.*

Es steht zu hoffen, daß die Rezeption dieser großen Autorin nun endlich hierzulande beginnen kann.

Editionsplan

Frühjahr 1989	*Die Fahrt hinaus* (Roman) ca. 448 Seiten *Das Mal an der Wand* (Gesammelte Kurzprosa) ca. 400 Seiten *[Der gewöhnliche Leser Band 1]* (Essays) ca. 288 Seiten
Herbst 1989	*Tagebuch Band 1 (1915–1919)* ca. 592 Seiten *[Frauen und Literatur]* (Essays) ca. 192 Seiten
Frühjahr 1990	*Zum Leuchtturm* (Roman) ca. 224 Seiten *[Der gewöhnliche Leser Band 2]* (Essays) ca. 288 Seiten
Herbst 1990	*Die Wellen* (Roman) ca. 240 Seiten *Tagebuch Band 2 (1920–1924)* ca. 592 Seiten *Ein Zimmer für sich allein* ca. 114 Seiten
Frühjahr 1991	*Gesammelte Briefe Band 1* ca. 600 Seiten *Orlando* (Eine Biographie) ca. 240 Seiten *Tagebuch einer Schriftstellerin* ca. 240 Seiten
Herbst 1991	*Mrs Dalloway* (Roman) ca. 208 Seiten *Tagebuch Band 3 (1925–1930)* ca. 592 Seiten *Drei Guineen* ca. 114 Seiten
Frühjahr 1992	*Gesammelte Essays Band 1* ca. 560 Seiten *Zwischen den Akten* (Roman) ca. 160 Seiten *Flush. Die Geschichte eines berühmten Hundes*, ca. 112 Seiten

Herbst 1992	*Tagebuch Band 4 (1931–1935)* ca. 592 Seiten *Jakobs Zimmer* (Roman) ca. 208 Seiten
Frühjahr 1993	*Gesammelte Briefe Band 2* ca. 600 Seiten *Roger Fry* (Eine Biographie) ca. 192 Seiten
Herbst 1993	*Tagebuch Band 5 (1936–1941)* ca. 592 Seiten *Die Jahre* (Roman) ca. 329 Seiten
Frühjahr 1994	*Gesammelte Essays Band 2* ca. 560 Seiten *Nacht und Tag* (Roman) ca. 496 Seiten
Herbst 1994	*Gesammelte Briefe Band 3* ca. 600 Seiten
Frühjahr 1995	*Gesammelte Essays Band 3* ca. 560 Seiten

Alle Bände in Leinen und Fadenheftung.
Titel in eckiger Klammer erscheinen in Englischer Broschur.

II Texte von Virginia Woolf

Montag oder Dienstag

Träge und indifferent, leichthin Raum von den Schwingen streifend, den Weg wissend, überfliegt der Reiher die Kirche unter dem Himmel. Weiß und fern, in sich selbst verloren, verhüllt und enthüllt sich der Himmel endlos, bewegt sich und verharrt. Ein See? Verdunkle seine Ufer! Ein Berg? Oh, fantastisch – das Sonnengold auf den Hängen. Herunter fällt es. Farne also, oder weiße Federn, auf immer und ewig –

Verlangen nach Wahrheit, auf sie warten, mühselig einige Worte destillieren, auf immer verlangen – (ein Schrei ertönt links, noch einer rechts. Räder rollen, divergieren. Omnibusse ballen sich im Konflikt) – auf immer verlangen – (die Uhr beteuert mit zwölf entschiedenen Schlägen, daß Mittag ist; Licht streut goldene Schuppen; Kinder wimmeln) – auf immer nach Wahrheit verlangen. Rot ist die Kuppel; Münzen hängen an den Bäumen; Rauch steigt aus den Schornsteinen; Bellen, Rufen, Schreien »Eisen zu verkaufen« – und die Wahrheit?

Auf einen Punkt zustrahlend Männerfüße und Frauenfüße, schwarze oder goldgelackte – (Dieses neblige Wetter – Zucker? Nein danke – Das Commonwealth der Zukunft) – der Feuerschein flackert auf und macht das Zimmer rot, bis auf die schwarzen Gestalten und ihre strahlenden Augen, während draußen ein Lieferwagen ablädt, trinkt Miß Soundso Tee an ihrem Schreibtisch und beschützt Spiegelglas Pelzmäntel –

Herumgeflattert, laub-leicht, um Ecken treibend, über die Räder geweht, silbergesprenkelt, nach Hause oder nicht nach Hause, versammelt, verstreut, vergeudet in losgelöste Schuppen, heraufgefegt, herunter, zerrissen, gesunken, zusammengeworfen – und die Wahrheit?

Jetzt sich zu erinnern am Kamin auf dem weißen Marmorquadrat. Aus Elfenbeintiefen steigend streifen Worte ihre Schwärze ab, erblühen und dringen ein. Gefallen das Buch; in der Flamme, im Rauch, in den flüchtigen Funken – oder jetzt reisend, das Marmorquadrat frei schwebend, Minarette unten und der Indische Ozean, während Raum blau anstürmt und Sterne glitzern – Wahrheit? oder jetzt, zufrieden mit Nähe?

Träge und indifferent kehrt der Reiher zurück; der Himmel verschleiert die Sterne; enthüllt sie dann.

Deutsch von Marianne Frisch

Mrs Dalloway in der Bond Street

Mrs Dalloway sagte, sie würde die Handschuhe selber kaufen gehen.

Big Ben schlug, als sie auf die Straße hinaustrat. Es war elf Uhr, und die ungewohnte Stunde war so frisch, als würde sie Kindern am Strand zuteil. Doch es lag etwas Feierliches im bedächtigen Ausschwingen der wiederholten Schläge; etwas Bewegendes im Rollen der Räder und im Trappeln der Schritte.

Zweifellos waren sie nicht alle in Sachen des Glückes unterwegs. Viel mehr läßt sich über uns sagen, als daß wir durch die Straßen von Westminster gehen. Auch der Big Ben wäre nichts als rostverzehrte Stahlstäbe, gäbe es nicht die sorgende Pflege des Bauamts Seiner Majestät. Nur für Mrs Dalloway war der Augenblick vollkommen; für Mrs Dalloway war der Juni frisch. Eine glückliche Kindheit – und nicht nur seinen Töchtern war Justin Parry als ein feiner Kerl erschienen (schwach natürlich auf der Richterbank); Blumen am Abend, aufsteigender Rauch; das Krächzen der Saatkrähen, die sich von hoch, hoch oben herabstürzten, tief, tief durch die Oktoberluft – es gibt keinen Ersatz für die Kindheit. Ein Blatt Minze bringt sie zurück: oder eine Tasse mit einem blauen Ring.

Arme kleine Würmer, seufzte sie und drängte vorwärts. Was, genau den Pferden unter der Nase, du kleiner Teufel! und mit ausgestreckter Hand blieb sie auf dem Bordstein stehen, während Jimmy Dawes von der anderen Seite herübergrinste.

Eine charmante Frau, ausgeglichen energisch, seltsam weißhaarig für ihre rosa Wangen, so sah sie Scope Purvis, Companion of the Bath, als er in sein Büro eilte. Sie wurde ein wenig steif, während sie wartete, bis der Lieferwagen von Durtnall vorüber war. Big Ben schlug zum zehnten; schlug zum elften Mal. Die bleiernen Kreise lösten sich in der Luft auf. Stolz hielt sie aufrecht, und daß sie Disziplin und Leiden geerbt hatte, weitergab und mit ihnen vertraut war. Wie die Menschen litten, wie sie litten, dachte sie, und sie dachte an Mrs Foxcroft letzten Abend in der Botschaft, die geschmückt gewesen war mit Edelsteinen und sich vor Kummer verzehrte, weil dieser nette Junge tot war und jetzt der alte Landsitz (der Lieferwagen von Durtnall fuhr vorbei) an einen Cousin fallen mußte.

»Ich wünsche einen guten Morgen«, sagte Hugh Whitbread und lüftete vor dem Porzellangeschäft einigermaßen übertrieben den Hut, denn sie hatten sich als Kinder gekannt. »Wohin des Wegs?«

»Ich gehe so gern in London spazieren«, sagte Mrs Dalloway. »Es ist mir eigentlich lieber als Spaziergänge auf dem Land!«

»Wir sind gerade heraufgekommen«, sagte Hugh Whitbread. »Leider müssen wir Ärzte aufsuchen.«

»Milly?« fragte Mrs Dalloway sofort mitfühlend.

»Unpäßlich«, sagte Hugh Whitbread. »Das sind so Geschichten. Geht's Dick denn gut?«

»Erstklassig!« sagte Clarissa.

Natürlich, dachte sie im Weitergehen, Milly ist etwa so alt wie ich – fünfzig – zweiundfünfzig. Wahrscheinlich also wird es *das* sein, Hughs ganze Art und Weise hatte es ausgedrückt, hatte es unmißverständlich ausgedrückt – der arme alte Hugh, dachte Mrs Dalloway und erinnerte sich amüsiert, dankbar, bewegt, wie scheu, wie brüderlich – besser tot, als dem eigenen Bruder etwas zu sagen – Hugh immer gewesen war, als er in Oxford lebte und herüberkam und vielleicht einer von ihnen (verflixt!) gerade nicht ausreiten konnte. Wie also konnten Frauen einen Sitz im Parlament haben? Wie konnten sie zusammen mit Männern etwas unternehmen? Denn da gibt es diesen außerordentlich tiefen Instinkt, etwas drinnen in einem; man kommt nicht darüber hinweg; braucht es gar nicht erst zu versuchen, und Männer wie Hugh respektieren es, ohne daß wir es aussprechen, und das, dachte Clarissa, mögen wir so an dem lieben alten Hugh.

Sie war durch den Admirality Arch gegangen und erblickte am Ende der Straße mit ihren mageren Bäumen das weiße Monument Victorias, Victorias schwellende Mütterlichkeit, Fülle, Hausbackenheit, die immer lächerlich wirkte und dennoch so ehrfurchtgebietend, dachte Mrs Dalloway und erinnerte sich an die Kensington Gardens und die alte Dame mit der Hornbrille und wie das Kindermädchen sie geheißen hatte, sofort stehenzubleiben und sich vor der Königin zu verneigen. Auf dem Schloß flatterte die Fahne. Der König und die Königin waren also zurück. Dick war neulich beim Mittagessen mit ihr zusammengetroffen – eine durch und durch nette Frau. Für die Armen, dachte Clarissa, ist das so wichtig und für die Soldaten. Ein Mann aus Bronze mit einem Gewehr stand heroisch auf einem Sockel zu ihrer Linken – der südafrikanische Krieg. Es ist so wichtig, dachte Mrs Dalloway und ging weiter in Richtung Buckingham Palace. Dort stand es unerschütterlich im hellen Sonnenschein, unnachgiebig, schlicht. Doch es lag am Charakter, dachte sie; an etwas, das dem Geschlecht angeboren war; das die Inder respektierten. Die Königin besuchte Krankenhäuser, eröffnete Basare – die Königin von England, dachte Clarissa und sah zum Schloß hinüber. Bereits zu dieser Stunde kam ein Automobil zum Tor heraus; Soldaten salutierten; die Tore wurden geschlossen. Und Clarissa überquerte die Straße und betrat gerade aufgerichtet den Park.

Der Juni hatte an den Bäumen jedes Blatt herausgetrieben. Die Mütter von Westminster mit gefleckten Brüsten stillten ihre Kleinen. Durchaus anständige Mädchen lagen im Grase ausgestreckt. Ein älterer Mann beugte sich sehr steif nieder, hob ein zerknülltes Papier auf, glättete es und warf es fort. Wie entsetzlich! In der Botschaft gestern abend hatte Sir Dighton gesagt: »Wenn ich will, daß jemand mein Pferd hält, brauche ich nur die Hand hochzustrecken.« Doch die religiöse Frage sei viel ernster als die ökonomische, hatte Sir Dighton gesagt, was ihr aus dem Munde eines Mannes wie Sir Dighton äußerst interessant vorgekommen war. »Ach, das Land wird niemals wissen, was es verloren hat«, hatte er gesagt und damit aus eigenem Antrieb von dem teuren Jack Stewart gesprochen.

Sie schritt die kleine Anhöhe leicht hinan. Die Luft regte sich vor Energie. Botschaften gingen zwischen der Flotte und der Admiralität hin und her. Piccadilly und Arlington Street und Mall schienen geradezu die Luft im Park warmzureiben und sein Laubwerk heiß und strahlend auf die Wogen jener göttlichen Vitalität zu heben, die

Clarissa liebte. Reiten; tanzen; es war ihr alles eine Lust gewesen. Oder lange Spaziergänge auf dem Land, Gespräche, über Bücher, was man mit seinem Leben anfangen solle, denn junge Leute waren erstaunlich anspruchsvoll – was hatte man nicht alles gesagt! Aber man war von etwas überzeugt gewesen. Die mittleren Lebensjahre sind doch verflixt. Menschen wie Jack werden das nie einsehen, dachte sie; denn kein einziges Mal hat er an den Tod gedacht, nie, hieß es, wußte er, daß er sterben würde. Und niemals kann nun trauern – wie ging das doch noch? – ein grau gewordner Kopf... Vor der Welt ödem ansteckendem Makel... Geleert die Becher schon vor ein, zwei Runden... Vor der Welt ödem ansteckendem Makel. Sie hielt sich gerade.

Doch wie hätte Jack herausgelacht! Auf dem Piccadilly Shelley zu zitieren! »Dir fehlt wohl eine Nadel«, hätte er gesagt. Er konnte Vogelscheuchen nicht ausstehen. »Gottogott, Clarissa! Gottogott, Clarissa!« – so hörte sie ihn jetzt auf der Party im Devonshire House sagen, und zwar über die arme Sylvia Hunt mit ihrer Bernsteinhalskette und dieser verschlumpten alten Seide. Clarissa hielt sich gerade, denn sie hatte laut vor sich hingesprochen und war jetzt auf Piccadilly und kam vor dem Haus mit den schmalen grünen Säulen und den Balkons vorbei; vor Club-Fenstern voller Zeitungen; vor dem Haus der alten Lady Burdett-Coutts, wo der weiße Glaspapagei hing; und vor dem Devonshire House ohne seine vergoldeten Leoparden; und vor Claridge, wo sie, sie durfte es nicht vergessen, in Dicks Namen eine Karte für Mrs Jepson abgeben mußte, ehe sie abreiste. Reiche Amerikaner können sehr charmant sein. Da war St. James' Palace; wie aus dem Bausteinkasten eines Kindes; und jetzt – sie war über die Bond Street hinweg – war sie vor der Buchhandlung Hatchard. Der Strom war endlos – endlos – endlos. Lords, Ascot, Hurlingham – was war los? Allerliebst, dachte sie, als sie auf das Titelbild irgendeines Memoirenbandes blickte, das im Fenster des gerundeten Erkers breit aufgeschlagen dalag, vielleicht Sir Joshua oder Romney; schelmisch aufgeweckt, zurückhaltend; die Art Mädchen – wie ihre Elizabeth –, die einzige Art, die zählt. Und dort lag dieses absurde Buch, *Seifenschwamm*, das Jim noch und noch aufzusagen pflegte; und Shakespeares Sonette. Sie kannte sie auswendig. Phil und sie hatten einen ganzen Tag lang über die Dark Lady diskutiert, und Dick hatte an jenem Abend beim Essen rundheraus gesagt, daß er noch nie etwas von ihr gehört habe. Tatsächlich, deswegen hatte sie ihn geheiratet! Er hatte nie Shakespeare gelesen! Es mußte doch irgendein kleines billiges Buch geben, das sie für Milly kaufen konnte – *Cranford* natürlich! Gab es wohl noch so etwas Bezauberndes wie die Kuh im Unterrock? Wenn die Menschen heutzutage nur diesen Humor, diese Selbstachtung hätten, dachte Clarissa, denn sie dachte an die breiten Seiten; das Ende der Sätze; die Figuren – wie man über sie sprach, als wären sie wirklich. Denn alles Große findet man nur in der Vergangenheit, dachte sie. Vor der Welt ödem ansteckendem Makel . . . Fürchte nicht mehr Sonnenglut . . . Und niemals kann nun trauern, niemals trauern, wiederholte sie, und ihre Augen schweiften über das Fenster; denn es ging ihr nicht aus dem Kopf; der Prüfstein großer Dichtung; die Modernen hatten nie etwas über den Tod geschrieben, das man lesen mochte, dachte sie; und wandte sich ab.

Omnibusse gesellten sich zu Automobilen; Automobile zu Lieferwagen; Lieferwagen zu Kraftdroschken; Kraftdroschken zu Automobilen – da kam ein offenes Automobil mit einem Mädchen ganz allein. Bis vier Uhr auf, mit kribbelnden Füßen, ich weiß, dachte Clarissa, denn das Mädchen sah erschöpft aus, wie sie da halb eingeschlafen nach dem Tanz in der Ecke des Wagens saß. Und noch ein Automobil kam; und noch eins. Nein! Nein! Nein! Clarissa lächelte gutmütig. Die dicke Lady hatte sich ja alle erdenkliche Mühe gegeben, aber Diamanten! Orchideen! So früh am Vormittag! Nein! Nein! Nein! Der vortreffliche Schutzmann würde seine Hand heben, wenn die Zeit kam. Noch ein Automobil fuhr vorüber. Überhaupt kein bißchen attraktiv! Warum mußte ein Mädchen in diesem Alter die Augen schwarz ummalen? Und ein junger Mann, mit einem Mädchen, zu dieser Stunde, wenn doch das Land – Der bewunderungswürdige Schutzmann hob die Hand, und in Bestätigung seiner herrscherlichen Schwingbewegung überquerte Clarissa, sich Zeit lassend, den Damm und ging auf Bond Street zu; sah die enge krumme Straße, die gelben Banner; die über den Himmel gespannten dicken knotigen Telegraphendrähte.

Vor hundert Jahren war ihr Ururgroßvater, Seymour Parry, der mit Conways Tochter durchbrannte, Bond Street hinunter gegangen. Die Bond Street hinunter waren die Parrys hundert Jahre lang gegangen und hätten den Dalloways (Leighs mütterlicherseits) begegnen können, die sie heraufkamen. Dort lag ein Tuchballen im Fenster, und hier stand nichts als ein Krug auf einem schwarzen Tisch, unglaublich teuer; wie der dicke rosa Lachs auf dem Eisblock beim Fischhändler. Der Schmuck war hervorragend – rosa und orangene Sterne, Similisteine, spanisch, dachte sie, und Ketten aus Altgold; Sternenschnallen, kleine Broschen, die von Ladys mit hohen Frisuren auf meergrünem Satin getragen worden waren. Besser gar nicht hinsehen! Man muß sparen. Sie mußte an der Gemäldehandlung vorbei, wo eins dieser komischen französischen Bilder hing, so als hätten die Leute zum Spaß mit Konfetti – rosa und blau – um sich geworfen. Wenn man sein Leben mit Bildern zugebracht hatte (und bei Büchern und Musik ist es das gleiche), dachte Clarissa, als sie an der Aeolian Hall vorüber kam, fällt man auf einen bloßen Spaß nicht herein.

Der Fluß der Bond Street war verstopft. Das dort war, wie eine Königin bei einem Tournier, erhoben, fürstlich, Lady Bexborough. Sie saß in ihrer Kutsche aufrecht allein, und schaute durch ihre Brille. Der weiße Handschuh war um das Handgelenk locker. Sie war in Schwarz, recht unansehnlich sogar, und doch, dachte Clarissa, wie unverkennbar sich das bemerkbar macht, Lebensart, Selbstachtung, nie ein Wort zuviel zu sagen oder den Leuten Anlaß zum Klatsch zu geben; eine erstaunliche Freundin; kein Mensch kann ihr nach all diesen Jahren am Zeug flicken, und da ist sie nun, dachte Clarissa, als sie an der Gräfin vorbeikam, die gepudert und völlig reglos wartete, und Clarissa hätte alles gegeben, so zu sein wie sie, die Herrin von Clarefield, und über Politik zu sprechen wie ein Mann. Aber nie geht sie irgendwo hin, dachte Clarissa, und es ist zwecklos, sie einzuladen, und die Kutsche fuhr weiter, und Lady Bexborough glitt vorbei wie eine Königin bei einem Tournier, obwohl sie nichts hatte, wofür sie leben konnte, und die Gesundheit des alten Herrn nachließ und es hieß, sie sei alles leid, dachte Clarissa, und tatsächlich stiegen ihr Tränen in die Augen, als sie den Laden betrat.

»Guten Morgen«, sagte Clarissa mit ihrer Charmestimme. »Handschuhe«, sagte sie auf ihre feine, freundliche Art, stellte die

Handtasche auf dem Ladentisch ab und begann, sehr langsam die Knöpfe zu öffnen. »Weiße Handschuhe«, sagte sie. »Über die Ellbogen«, und sie sah der Verkäuferin gerade ins Gesicht – dies war doch nicht das Mädchen, das sie im Gedächtnis hatte? Sie sah schon recht alt aus. »Diese hier passen nicht richtig«, sagte Clarissa. Das Ladenfräulein betrachtete sie. »Gnädige Frau tragen Armreifen?« Clarissa spreizte die Finger. »Vielleicht liegt es an meinen Ringen.« Und das Mädchen nahm die grauen Handschuhe mit zum Ende des Ladentischs.

Doch, dachte Clarissa, wenn es das Mädchen ist, das ich im Gedächtnis habe, ist sie zwanzig Jahre älter ... Es war nur noch eine andere Kundin da, sie saß seitlich am Ladentisch, hatte den Ellbogen aufgestützt und ließ eine Hand leer hängen; wie eine Figur auf einem japanischen Fächer, dachte Clarissa, vielleicht zu leer, doch gewisse Männer wären hingerissen von ihr. Die Lady schüttelte traurig den Kopf. Wiederum waren ihr die Handschuhe zu groß. Sie drehte den Spiegel um. »Über das Handgelenk«, sagte sie vorwurfsvoll zu der grauhaarigen Frau; die hinsah und zustimmte.

Sie wartete; eine Uhr tickte; Bond Street summte gedämpft, fern; die Frau entfernte sich mit Handschuhen in der Hand. »Über das Handgelenk«, sagte die Lady trauervoll mit erhobener Stimme. Und sie mußte noch Stühle, Eis, Blumen und Garderobenmarken bestellen, dachte Clarissa. Kommen würden jene Leute, auf die sie keinen Wert legte; die anderen nicht. Sie würde an der Tür stehen. Es gab auch Strümpfe – Seidenstrümpfe. Eine Lady erkennt man an ihren Handschuhen und ihrem Schuhwerk, sagte Onkel William immer. Und zwischen den hängenden Seidenstrümpfen, ihrem quicken Silber hindurch sah sie zu der Lady hinüber, ihren schräg abfallenden Schultern, der herunterhängenden Hand, der wegrutschenden Handtasche, ihren leer auf den Boden gerichteten Augen. Es wäre unerträglich, wenn nachlässig gekleidete Frauen zu ihrer Party kämen! Hätte man Keats gemocht, wenn er rote Socken getragen hätte? Ach, endlich – sie neigte sich über den Ladentisch, und es zuckte ihr durch den Kopf:

»Wissen Sie noch, daß Sie vor dem Krieg Handschuhe mit Perlenknöpfen hatten?«

»Französische Handschuhe, gnädige Frau?«

»Ja, es waren französische«, sagte Clarissa. Die andere Lady erhob sich sehr traurig und nahm ihre Handtasche und betrachtete die Handschuhe auf dem Ladentisch. Doch sie waren alle zu weit – immer zu weit ums Handgelenk.

»Mit Perlenknöpfen«, sagte das Ladenmädchen, das so gealtert aussah. Sie zerteilte auf dem Ladentisch der Länge nach Seidenpapier. Mit Perlenknöpfen, dachte Clarissa, ganz schlicht – wie französisch!

»Gnädige Frau haben so schmale Hände«, sagte die Verkäuferin und zog ihr den Handschuh fest und glatt über die Ringe. Und Clarissa betrachtete im Spiegel ihren Arm. Der Handschuh reichte kaum bis zum Ellbogen. Ob es wohl welche gab, die einen halben Zoll länger waren? Dennoch schien es zuviel Umstand, sie deswegen zu bemühen – vielleicht der einzige Tag im Monat, dachte Clarissa, an dem das Stehen eine Qual ist. »Ach, bemühen Sie sich nicht«, sagte sie. Doch die Handschuhe wurden herbeigeschafft.

»Werden Sie nicht schrecklich müde«, fragte sie mit ihrer Charmestimme, »wenn Sie so stehen? Wann bekommen Sie Ihren Urlaub?«

»Im September, gnädige Frau, wenn es nicht so viel zu tun gibt.«

Wenn wir auf dem Land sind, dachte Clarissa. Oder auf der Jagd. Sie verbringt vierzehn Tage in Brighton. In irgendeinem muffigen Quartier. Die Wirtin scheffelt das Geld. Nichts wäre einfacher, als sie zur Mrs Lumley mitten auf dem Land zu schicken (und es lag ihr schon auf der Zunge). Doch dann fiel ihr ein, wie Dick ihr auf ihrer Hochzeitsreise beigebracht hatte, daß es eine Torheit ist, auf eine bloße Regung hin Geschenke zu machen. Viel wichtiger sei es, hatte er gesagt, die Handelsbeziehungen zu China auszubauen. Natürlich hatte er recht. Und sie konnte spüren, daß das Mädchen nur ungern etwas geschenkt bekäme. Hier war sie am richtigen Platz. Wie Dick an dem seinen. Handschuhe verkaufen war ihr Beruf. Sie hatte ihre eigenen Sorgen, ganz für sich, »und niemals kann nun trauern, niemals trauern«, die Worte gingen ihr durch den Kopf. »Vor der Welt ödem ansteckendem Makel«, dachte Clarissa und hielt den Arm steif, denn es gibt Augenblicke, da erscheint es ganz und gar vergeblich (der Handschuh wurde abgezogen und ließ Puderstellen auf ihrem Arm zurück) – man glaubt, dachte Clarissa, einfach nicht mehr an Gott.

Der Verkehr brauste plötzlich auf; die Seidenstrümpfe erstrahlten. Eine Kundin kam herein.

»Weiße Handschuhe«, sagte sie mit einem Ton in der Stimme, an den sich Clarissa erinnerte.

Damals, dachte Clarissa, war es so einfach. Von hoch, hoch herab durch die Luft kam das Krächzen der Saatkrähen. Als Sylvia vor Hunderten von Jahren starb, sahen die Eibenhecken so wunderschön aus mit den Diamantengeweben im Nebel vor dem Frühgottesdienst. Doch wenn Dick morgen stürbe, was den Glauben an Gott anging – nein, sie würde den Kindern die Wahl lassen, doch sie selber, wie Lady Bexborough, die den Basar, wie es hieß, mit dem Telegramm in der Hand eröffnet hatte – Roden, ihr Lieblingssohn, gefallen –, sie würde weitermachen. Doch warum, wenn man nicht mehr glaubt? Um der anderen willen, dachte sie und nahm den Handschuh in die Hand. Das Mädchen wäre viel unglücklicher, wenn sie nicht glaubte.

»Dreißig Schilling«, sagte die Verkäuferin. »Nein, Verzeihung, gnädige Frau, fünfunddreißig. Die französischen Handschuhe sind teurer.«

Denn man lebt nicht für sich allein, dachte Clarissa.

Und dann nahm die andere Kundin einen Handschuh, zerrte daran, und er riß.

»Da!« rief sie.

»Ein Fehler im Leder«, sagte die grauhaarige Frau hastig. »Beim Gerben manchmal ein Tropfen Säure. Probieren Sie dieses Paar an, gnädige Frau.«

»Aber dafür zwei Pfund zehn zu nehmen, ist ein fürchterlicher Betrug!«

Clarissa sah die Lady an; die Lady sah Clarissa an.

»Seit dem Krieg ist auf die Handschuhe nicht mehr viel Verlaß«, sagte die Verkäuferin entschuldigend zu Clarissa.

Doch wo nur hatte sie die andere Dame gesehen? – ältlich mit einem Doppelkinn; mit einer goldenen Brille an einem schwarzen

Band; sinnlich, klug, wie eine Zeichnung von Sargent. Wie man doch an der Stimme erkennen kann, wenn jemand gewohnt ist, dachte Clarissa, daß andere Leute – »Der ist ein bißchen zu eng«, sagte sie – einem gehorchen. Die Verkäuferin entfernte sich aufs neue. Clarissa blieb wartend zurück. Fürchte nicht mehr, wiederholte sie und trommelte mit dem Finger auf den Ladentisch. Fürchte nicht mehr Sonnenglut. Fürchte nicht mehr, wiederholte sie. Auf ihrem Arm waren kleine braune Flecken. Und das Mädchen war langsam wie eine Schnecke. Jetzt dein irdisch Treiben ruht. Tausende junger Männer waren gestorben, damit alles weiterging. Endlich! Einen halben Zoll über den Ellbogen; Perlknöpfe; fünfeinviertel. Meine gute Trantüte, dachte Clarissa, meinst du, ich kann den ganzen Vormittag hier herumsitzen? Jetzt wird's eine halbe Stunde dauern, bis du mir mein Wechselgeld bringst!

Von der Straße draußen drang ein lauter Knall herein. Die Verkäuferinnen drückten sich hinter dem Ladentisch. Doch Clarissa saß sehr gerade und lächelte die andere Lady an. »Miss Anstruther!« rief sie.

Deutsch von Dieter E. Zimmer

Moderne Romankunst

Wenn man versucht, sich einen Überblick, und sei es den freiesten und lockersten, über die moderne Romankunst zu verschaffen, so fällt es schwer, es nicht für selbstverständlich zu halten, daß die moderne Handhabung dieser Kunst irgendwie eine Verbesserung der alten sei. Mit ihren einfachen Werkzeugen und ihren primitiven Stoffen, so könnte man sagen, machte Fielding[1] sein Sache gut und Jane Austen[2] die ihrige noch besser, aber man vergleiche doch einmal ihre Möglichkeiten mit den unseren! Ihre Meisterwerke haben gewiß einen seltsamen Zug von Simplizität. Und doch hält die Analogie zwischen Literatur und der Automobilherstellung, um ein Beispiel zu suchen, über den ersten flüchtigen Blick hinaus kaum stand. Es ist sehr fraglich, ob wir im Laufe der Jahrhunderte, in denen wir viel über die Herstellung von Maschinen gelernt haben, auch etwas über die Herstellung von Literatur gelernt haben. Wir können nicht behaupten, besser zu schreiben; alles, was man sagen kann, ist, daß wir weitermachen, jetzt ein bißchen in dieser Richtung, jetzt ein bißchen in jener, aber mit einer Neigung, uns im Kreise zu bewegen, wenn der ganze Verlauf der Spur von einem hinreichend erhabenen Standpunkt aus betrachtet würde. Es braucht kaum gesagt zu werden, daß wir keinen Anspruch erheben, auch nur für einen Augenblick einen solchen erhabenen Standpunkt einzunehmen. Auf ebener Erde, in der Menge, halb blind vom Staub, blicken wir mit Neid zurück auf jene glücklicheren Kämpfer, deren Schlacht gewonnen ist und deren Leistungen einen so heiteren Zug von Vollendung haben, daß wir uns kaum zurückhalten können zu flüstern, daß für sie der Kampf wohl nicht so hart war wie für uns. Der Literarhistoriker muß hier entscheiden; er muß sagen, ob wir am Anfang oder Ende oder in der

Mitte einer großen Epoche der Prosakunst stehen, denn unten in der Ebene ist nur weniges zu sehen. Wir wissen nur, daß uns bestimmte Regungen der Dankbarkeit und Feindschaft leiten; daß bestimmte Pfade in fruchtbares Land, andere in Staub und Wüste zu führen scheinen; und hierüber einen Rechenschaftsbericht abzulegen, mag sich vielleicht lohnen.

Wir streiten uns also nicht mit den Klassikern, und wenn wir von Streit mit Mr Wells[3], Mr Bennett[4] und Mr Galsworthy[5] sprechen, so geschieht es zum Teil deshalb, weil ihr Werk durch die bare Tatsache, daß sie leibhaftig unter uns sind, eine lebende, atmende Alltagsunvollkommenheit hat, die uns erlaubt, uns mit ihm alle wünschenswerten Freiheiten zu nehmen. Aber während wir ihnen für ihre tausend Gaben danken, ist es auch richtig, daß wir unsere uneingeschränkte Dankbarkeit für Mr Hardy[6], Mr Conrad[7] und auch, wenngleich in viel geringerem Maße, für Mr Hudson[8], den Autor von *The Purple Land, Green Mansions* und *Far Away and Long Ago,* aufheben. Mr Wells, Mr Bennett und Mr Galsworthy haben so viele Hoffnungen geweckt und so beharrlich enttäuscht, daß unsere Dankbarkeit weitgehend die Form der Erkenntlichkeit dafür annimmt, daß sie uns gezeigt haben, was sie hätten tun können, aber nicht getan haben; was wir gewiß nicht tun könnten, aber vielleicht genauso gewiß nicht tun möchten. Keine einfache Sprachwendung kann den Vorwurf oder die Klage zusammenfassen, die wir gegen eine Werkmasse von solchem Umfang und mit so vielen Qualitäten darin vorzubringen haben, die zugleich bewundernswert und das Gegenteil sind. Wenn wir versuchen sollten, unsere Meinung in einem Wort zusammenzufassen, so würden wir sagen, diese drei Schriftsteller seien Materialisten. Weil es ihnen nicht um den Geist, sondern um den Körper geht, haben sie uns enttäuscht und in uns das Gefühl zurückgelassen, daß, je schneller die englische Romankunst ihnen, so höflich wie möglich, den Rücken kehrt, und wenn sie dabei in die Wüste marschieren müßte, es um so besser für ihre Seele sei. Natürlich trifft ein einzelnes Wort nicht ins Zentrum von drei verschiedenen Zielscheiben. Im Falle von Mr Wells fällt es bemerkenswert weit daneben. Und doch zeigt es selbst bei ihm nach unserm Dafürhalten die verhängnisvolle Legierung in seinem Geist, den großen Klumpen Lehm, der sich mit der Reinheit seiner Inspiration vermischt hat. Aber Mr Bennett ist vielleicht der schlimmste der drei Angeschuldigten, da er ja bei weitem der handwerklich Beste ist. Er kann in seiner handwerklichen Kunst ein Buch so gut und so festgefügt aufbauen, daß es dem anspruchsvollsten Kritiker schwerfällt, zu erkennen, durch welche Ritze oder Spalte der Verfall sich einschleichen kann. Da ist nicht die geringste Zugluft zwischen den Fensterrahmen und kein Spalt in den Dielen. Und doch – wenn nun das Leben sich weigern sollte, dort zu leben? Das ist ein Risiko, das der Schöpfer der *Old Wives' Tale,* sein George Cannon, Edwin Clayhanger und Scharen anderer Gestalten mit Grund überwunden zu haben beanspruchen. Seine Charaktere leben aus der Fülle, mit unerwarteten Wendungen, aber es bleibt zu fragen, wie leben sie denn und wofür leben sie nur? Mehr und mehr, so scheint es uns, haben sie die wohlgebaute Villa in den Five Towns verlassen, um ihre Zeit in einem gutgepolsterten Eisenbahnwagen erster Klasse zuzubringen, zahllose Klingeln und Knöpfe zu drücken; aber das Schicksal, dem sie so luxuriös entgegenfahren, erweist sich immer fragloser als eine ewige Seligkeit im allerersten Hotel von Brighton. Es kann von Mr Wells kaum gesagt werden, er sei Materialist, in dem Sinne, daß er zuviel Freude an der Festigkeit seines Gewebes habe. Sein Geist ist zu großzügig in seinen Zuneigungen, als daß er ihm erlaube, viel Zeit darauf zu verwenden, die Dinge tadellos und zuverlässig herzustellen. Er ist Materialist aus reiner Herzensgüte, wenn er sich die Arbeit aufbürdet, die von Regierungsbeamten hätte erledigt werden müssen, und wenn er im Übermaß seiner Ideen und Fakten kaum die Muße hat, die Grobheit und Rohheit seiner menschlichen Gestalten wahrzunehmen oder zu vergessen, dies für wichtig zu halten. Aber kann es eine vernichtendere Kritik sowohl seines Himmels wie seiner Erde geben als die, sich vorzustellen, daß sie hier und hiernach von seinen Joans und seinen Peters bewohnt sein sollten? Trübt nicht die Mittelmäßigkeit ihrer Naturen alle Einrichtungen und Ideale, die für sie von der Großzügigkeit ihres Schöpfers bereitgestellt sein mögen? Und so tief unsere Hochachtung vor der Integrität und Humanität Mr Galsworthys ist, werden wir das, was wir suchen, nicht in seinen Seiten finden.

Wenn wir also auf alle diese Bücher ein Etikett kleben, auf dem unter anderem das Wort Materialisten steht, so meinen wir damit, daß sie von unwichtigen Dingen schreiben; daß sie immense Fertigkeit und immensen Fleiß darauf verwenden, das Belanglose und Vergängliche als wahr und dauerhaft erscheinen zu lassen.

Wir müssen zugeben, daß wir anspruchsvoll sind und daß wir es darüber hinaus schwierig finden, unser Mißvergnügen damit zu rechtfertigen, daß wir erklären, was es ist, das wir beanspruchen. Wir formulieren unsere Frage zu verschiedenen Zeiten verschieden. Aber sie erscheint höchst hartnäckig wieder, wenn wir den beendeten Roman auf dem Wogenkamm eines Seufzers fallen lassen. – Lohnt es sich? Was hat das alles für einen Sinn und Zweck? Kann es sein, daß aufgrund jener kleinen Abweichungen, die der menschliche Geist von Zeit zu Zeit zu machen scheint, Mr Bennett mit seinem hervorragenden Gerät zum Einfangen des Lebens gerade einen oder zwei Zoll weit auf der verkehrten Seite gelandet ist? Das Leben entflieht; und vielleicht ist ohne Leben nichts anderes von Belang. Es ist ein Eingeständnis von Vagheit, wenn man von einer Wendung wie dieser Gebrauch gemacht hat, aber wir verbessern die Sache kaum, wenn wir, wie Kritiker es zu tun geneigt sind, von Wirklichkeit sprechen. Lassen Sie uns mit dem Eingeständnis der Vagheit, an der alle Romankritik krankt, die Meinung wagen, daß für uns in diesem Augenblick die am höchsten im Kurs stehende Romankunst das, was wir suchen, öfter verfehlt als gewinnt. Gleich, ob wir es Leben oder Geist, Wahrheit oder Wirklichkeit nennen, dies, das Wesentliche, hat sich auf- und davongemacht und weigert sich, länger in solch schlecht sitzende Gewänder, wie wir sie bieten, eingezwängt zu werden. Trotzdem machen wir weiter, beharrlich, gewissenhaft, und bauen unsere zweiunddreißig Kapitel auf nach einem Plan, der mehr und mehr die Ähnlichkeit mit der Vision unseres Geistes verliert. Ein solch enormes Maß an Mühe, die Solidheit und Lebensnähe der Story zu erweisen, ist nicht nur vertane Mühe, sondern eine in solchem Ausmaß fehlgeleitete Mühe, daß das Licht der Konzeption verdunkelt oder ausgelöscht wird. Der Schreiber scheint gezwungen zu sein, nicht von seinem eigenen freien Willen, sondern von einem mächtigen und skrupellosen Tyrannen, der ihn in seiner Gewalt hat, eine Fabel zu liefern, Komik, Tragik, eine Liebesgeschichte und eine Atmosphäre von Wahrscheinlichkeit, die das Ganze so makellos einhüllt, daß alle Gestalten, wenn sie zum Leben erwachten, sich bis auf den letzten Knopf an ihren Röcken nach der letzten Mode gekleidet fänden. Dem Tyrannen wird gehorcht; der Roman ist vortrefflich geraten. Doch manchmal und um so öfter, je weiter die Zeit fortschreitet, überkommt uns ein momentaner Zweifel, ein Anfall von Rebellion, wenn die Seiten sich in der herkömmlichen Weise füllen. Ist so das Leben? Müssen Romane so sein?

Blicke nach innen, und das Leben, so scheint es, ist weit von jenem »so sein« entfernt. Prüfe nur einen Augenblick ein gewöhnliches Bewußtsein an einem gewöhnlichen Tage. Das Bewußtsein empfängt eine Unzahl von Eindrücken – triviale, phantastische, flüchtige oder wie mit einem scharfen Stahl gestochene. Von allen Seiten kommen sie, ein unaufhörlicher Schauer unzähliger Atome; und wie sie da fallen, wie sie sich zum Leben am Montag oder Dienstag formen, fällt der Akzent anders als früher; der Augenblick der Bedeutsamkeit kam nicht hier, sondern da; wenn also ein Schriftsteller ein freier Mann wäre und nicht ein Sklave, wenn er schreiben könnte, was er wollte, nicht was er muß, wenn er sein Werk auf seinen eigenen Gefühlen aufbauen könnte und nicht auf Konvention, dann gäbe es keine Fabel, keine Komik, keine Tragik, keine Liebesgeschichte oder Katastrophe im üblichen Sinne und vielleicht keinen einzigen Knopf, der so angenäht wäre, wie die Schneider in Bond Street es vorschreiben. Das Leben ist keine symmetrisch angeordnete Reihe von Wagenlampen; das Leben ist ein leuchtender Nimbus, eine halb-durchsichtige Hülle, die uns vom Anfang unseres Bewußtseins an bis zum Ende umgibt. Ist es nicht die Aufgabe des Romanciers, diesen sich wandelnden, diesen unbekannten und unfaßbaren Geist samt all seinen Verirrungen und Vielschichtigkeiten mit möglichst wenig Zutat an Äußerlichem und Fremdem zu vermitteln? Wir plädieren nicht einfach für Mut und Aufrichtigkeit; wir geben zu bedenken, daß der eigentliche Stoff der Romankunst etwas anderes ist als das, was die Gewohnheit uns glauben machen möchte.

Jedenfalls möchten wir auf solche oder ähnliche Weise die Eigenschaft definieren, die das Werk einiger junger Schriftsteller, unter denen Mr James Joyce[9] der bemerkenswerteste ist, von dem ihrer Vorgänger unterscheidet. Sie versuchen, dichter ans Leben heranzukommen und das, was sie interessiert und bewegt, aufrichtiger und genauer zu bewahren, selbst wenn sie um eines solchen Zieles willen das meiste der Konventionen beiseite lassen müssen, die gewöhnlich vom Romanschreiber befolgt werden. Wir wollen die Atome aufzeichnen, und zwar in der Abfolge, wie sie ins Bewußtsein fallen, wir wollen das Muster nachzeichnen, so unverbunden und zusammenhanglos es auch erscheinen mag, das jeder Anblick und jedes Ereignis dem Bewußtsein aufprägt. Wir wollen es nicht als selbstverständlich hinnehmen, daß das Leben sich voller in dem entfaltet, was man gewöhnlich für groß hält, als in dem, was man gewöhnlich für klein hält. Jeder, der *The Portrait of the Artist as a Young Man* gelesen hat oder, was ein noch weit interessanteres Werk zu werden verspricht, den *Ulysses*[10], der jetzt in der *Little Review* erscheint, wird eine Theorie dieser Art über die Absicht von Mr Joyce gewagt haben. Was uns anlangt, so können wir bei einem solchen uns vorliegenden Teilstück sie nurmehr erst wagen, nicht verbindlich aufstellen; aber was auch immer die Absicht des Ganzen sein mag, so kann kein Zweifel bestehen, daß sie von äußerster Aufrichtigkeit und das Ergebnis, ob wir es nun als schwierig oder unangenehm beurteilen mögen, unleugbar wichtig ist. Im Gegensatz zu denen, die wir Materialisten genannt haben, ist Mr Joyce ein Spiritualist; sein Anliegen ist, koste es, was es wolle, das Flackern jener innersten Flamme zu enthüllen, die ihre Botschaften blitzartig durch das Gehirn sendet, und um sie festzuhalten, mißachtet er mit dem größten Mut alles, was ihm nebensächlich erscheint, sei es die Wahrscheinlichkeit oder die Kohärenz oder irgendein anderer der Wegweiser, die seit Generationen dazu gedient haben, die Einbildungskraft des Lesers zu unterstützen, wenn von ihm verlangt wird, sich das vorzustellen, was er weder sehen noch anfassen kann. Die Szene auf dem Friedhof zum Beispiel kommt zweifellos mit ihrem Glanz, ihrem Schmutz, ihrer Inkohärenz, ihren jäh aufblitzenden Schlaglichtern der Bedeutsamkeit dem innersten Nerv des Bewußtseins so nahe, daß es jedenfalls beim ersten Lesen schwer ist, hier nicht ein Meisterstück zu begrüßen. Wenn wir das Leben selbst haben wollen, hier haben wir es mit

Sicherheit. Ja, wir merken, daß wir ziemlich ungeschickt herumtasten, wenn wir zu sagen versuchen, was wir denn sonst noch haben wollen und aus welchem Grunde ein Werk von solcher Originalität sich denn doch nicht, denn wir müssen große Beispiele wählen, mit *Youth*[11] oder *The Mayor of Casterbridge*[12] vergleichen läßt. Es fällt ab, weil der Geist des Schriftstellers sich als verhältnismäßig dürftig erweist, könnte man einfach sagen und es dabei belassen. Aber es ist möglich, doch noch etwas weiter zu gehen und sich zu fragen, ob unser Gefühl, in einem hellen, aber engen Raum zu sein, beengt und eingeschlossen anstatt vergrößert und freigesetzt, sich nicht auf eine Beschränkung zurückführen ließe, die uns ebenso von der Methode wie vom Bewußtsein aufgezwungen ist. Ist es die Methode, die die kreative Kraft behindert? Ist es die Schuld der Methode, daß wir uns weder heiter noch großherzig fühlen, sondern in die Mitte eines Ichs gerückt, das trotz seiner bebenden Empfänglichkeit nie das erfaßt oder erschafft, was außer ihm oder jenseits von ihm liegt? Trägt der Nachdruck, der vielleicht aus didaktischen Gründen auf Unanständigkeit gelegt wurde, zur Wirkung von etwas Eckigem und Isoliertem bei? Oder ist es einfach so, daß bei jedem Bemühen von solcher Originalität es besonders für Zeitgenossen viel leichter ist, zu empfinden, woran es mangelt, als das zu nennen, was da ist? Auf jeden Fall ist es falsch, draußen zu stehen und »Methoden« zu prüfen. Alle Methoden sind richtig, jede Methode ist richtig, die das ausdrückt, was wir ausdrücken möchten, wenn wir Schriftsteller sind; die uns näher an die Absichten des Romanautors heranführt, wenn wir Leser sind. Diese Methode hier hat den Vorzug, uns näher an das heranzubringen, was wir das Leben selbst zu nennen bereit waren; hat uns nicht die Lektüre des *Ulysses* gezeigt, wieviel vom Leben ausgeschlossen oder unbeachtet geblieben ist, und war es nicht geradezu ein Schock, als wir den *Tristram Shandy*[13] oder gar den *Pendennis*[14] aufschlugen und uns von ihnen überzeugen ließen, daß es nicht nur andere Seiten und Ansichten des Lebens, sondern dazu auch noch wichtigere gibt?

Wie dem auch sein mag, das Problem des Romanautors heute wie vermutlich auch in der Vergangenheit ist, Möglichkeiten sich auszudenken, um frei zu sein, das niederzuschreiben, wofür er sich entscheidet. Er muß den Mut aufbringen zu sagen, daß das, was ihn interessiert, nicht mehr »dies« ist, sondern »das«: aus dem »Das« allein muß er sein Werk aufbauen. Für die Modernen liegt das »Das«, das eigentlich Interessante, sehr wahrscheinlich in den dunklen Bereichen der Psychologie. Sofort fällt daher der Akzent ein bißchen anders; der Nachdruck liegt auf etwas bisher nicht Beachtetem; sofort wird ein anderer Umriß der Form nötig, der für uns selbst schwer zu fassen, für unsere Vorgänger gänzlich unbegreiflich ist. Keiner außer einem Modernen, keiner außer vielleicht einem Russen hätte wohl das Bedeutsame der Situation erfühlt, die Tschechow[15] in die Kurzgeschichte verwandelt hat, die er »Gussew« nennt. Russische Soldaten liegen krank auf einem Schiff, das sie nach Rußland zurückbringt. Wir bekommen ein paar Fetzen ihres Gesprächs mit und ein paar ihrer Gedanken; dann stirbt einer von ihnen und wird fortgebracht; das Gespräch geht unter den anderen eine Zeitlang weiter, bis Gussew selber stirbt, der, wie »eine Mohrrübe oder ein Rettich« aussehend, über Bord geworfen wird.[16] Der Nachdruck wird auf solch unerwartete Stellen gelegt, daß es zuerst so erscheint, als gäbe es überhaupt keinen Nachdruck; aber wenn dann die Augen sich an das Halbdunkel gewöhnt haben und die Umrisse der Dinge in einem Raum wahrnehmen können, sehen wir, wie vollständig die Geschichte ist, wie tief, und wie sehr seiner Vision getreu Tschechow dies und das und jenes ausgesucht und zusammengefügt hat, um etwas Neues zu komponieren. Aber es ist unmöglich zu sagen, »dies ist komisch« oder »das ist tragisch«; auch sind wir, die wir gelernt haben, Kurzgeschichten müßten kurz und schlüssig sein, nicht sicher, ob diese, die vage und nicht schlüssig ist, überhaupt eine Kurzgeschichte genannt werden kann.

Die elementarsten Darlegungen über moderne englische Romankunst können es kaum vermeiden, Bemerkungen über den russischen Einfluß zu machen, aber wenn die Russen erwähnt werden, so hat man leicht das Gefühl, das Schreiben über irgendwelche Formen der Erzählkunst außer der ihrigen sei Zeitverschwendung. Wenn uns nach dem Verständnis von Seele und Herz verlangt, wo anders können wir vergleichbare Tiefe finden? Wenn wir unseres eigenen Materialismus überdrüssig sind, so hat noch der geringste ihrer Romanciers durch Geburtsrecht eine natürliche Ehrfurcht vor dem menschlichen Geist. »Lerne, dich Menschen verwandt zu machen ... Aber sieh zu, daß diese Sympathie nicht dem Geiste gilt ... denn es ist leicht beim Geist ... sondern dem Herzen, der Liebe zu ihnen.«[17] In jedem großen russischen Schriftsteller scheinen wir die Züge eines Heiligen zu entdecken, wenn denn Mitleid mit dem Leiden anderer, Liebe zu ihnen, das Bemühen, ein Ziel zu erreichen, das der härtesten Forderungen des Geistes wert ist, Heiligkeit ausmachen. Es ist der Heilige in ihnen, der uns mit einem Gefühl der eigenen irreligiösen Belanglosigkeit vernichtet und so viele unserer berühmten Romane in Flitter und Tand verwandelt. Die Schlußfolgerungen des russischen Geistes, so allumfassend und mitleidensfähig sie sind, sind wahrscheinlich in unvermeidlicher Folgerichtigkeit von tiefster Traurigkeit. Wir sollten also in der Tat genauer von der Unschlüssigkeit des russischen Geistes sprechen. Es ist das Bewußtsein, daß es keine Antwort gibt, daß das Leben, wenn es ehrlich geprüft wird, Frage um Frage aufwirft, die einfach stehen gelassen werden müssen, um weiter und weiter zu klingen, nachdem die Geschichte zu Ende ist, im hoffnungslosen Drang des Fragens, der uns mit tiefer und zum Schluß möglicherweise mit ärgerlicher Verzweiflung erfüllt. Sie haben vielleicht recht; unzweifelhaft sehen sie weiter als wir und ohne unsere gröblich eingeschränkte visionäre Kraft. Aber vielleicht sehen wir dafür etwas, was ihnen entgeht, oder aus welchem Grunde sollte sich sonst diese Stimme des Protests in unsere Düsterkeit mischen? Die Stimme des Protests ist die Stimme einer anderen und dazu uralten Zivilisation, die in uns den Instinkt geweckt zu haben scheint, lieber zu genießen und zu kämpfen, als zu leiden und zu verstehen. Die englische Romankunst von Sterne bis Meredith[18] bezeugt unsere angeborene Freude an Humor und Komik, an der Schönheit der Erde, den Tätigkeiten des Intellekts und der Pracht des Körpers. Aber alle Schlußfolgerungen, die wir aus dem Vergleich der beiden Formen der Erzählkunst, die so unermeßlich weit voneinander entfernt sind, ziehen können, sind nutzlos, außer wenn sie uns wirklich überfluten mit der Vorstellung der unendlichen Möglichkeiten der Kunst und uns daran erinnern, daß der Horizont keine Grenze hat und daß nichts, keine »Methode«, kein Experiment, nicht einmal das kühnste – verboten ist, sondern nur dies: Falschheit und Prätention. »Der der Romankunst eigene Stoff« existiert nicht; alles ist der eigentliche Stoff der Romankunst, jedes Gefühl, jeder Gedanke; jede Eigenschaft des Gehirns und des Geistes wird mitgenutzt; keine Wahrnehmung ist umsonst. Und wenn wir uns vorstellen können, die Erzählkunst erwache zum Leben und stünde in unserer Mitte, so würde sie uns zweifellos gebieten, sie zu zerbrechen und zu bezwingen wie auch sie zu ehren und zu lieben, denn nur so kann ihre Jugend erneuert und ihre Herrschaft gesichert werden.

Deutsch von Helmut Viebrock

Anmerkungen

Dieser Essay ist eine leicht überarbeitete Version von »Modern Novels«, *Times Literary Supplement*, 10. April 1919.

1 Henry Fielding (1707–54), Mitbegründer des englischen Romans; Gesellschaftsschilderer, Moralist. *Tom Jones* (1749).

2 Jane Austen (1775–1817), englische Romanautorin. (*Pride and Prejudice*, 1813; *Emma*, 1816). S. a. Virginia Woolfs Essay »Jane Austen«.

3 H. G. Wells (1866–1946), Popularisator vor allem technischer Neuerungen und Utopien in Romanform, sehr erfolgreich. (*The Time Machine*, 1895; *The War of the Worlds*, 1898). Mit ihm und Arnold Bennett setzte sich VW in ihrem berühmten Essay »Mr Bennett und Mrs Brown« (1924) auseinander.

4 Arthur Bennett (1867–1931), vom französischen Realismus beeinflußter erfolgreicher Romancier (*The Old Wives' Tale*, 1908; *Clayhanger*, 1910).

5 John Galsworthy (1867–1933), wie die vorigen viel gelesener und erfolgreicher Romancier. Von den Bänden seiner *Forsyte Saga* (1922) waren 1919 erst drei erschienen.

6 Thomas Hardy (1840–1928), großer Romancier am Beginn der Moderne.

7 Joseph Conrad (1857–1924), wichtiger Romancier polnischer Abkunft am Umbruch zur Moderne. Siehe VWs Essay in diesem Band.

8 W. H. Hudson (1841–1922), naturkundlich interessierter Romancier und Ornithologe, von einigem Einfluß in den 20er Jahren, etwa auf den jungen Hemingway.

9 James Joyce (1882–1941), der große irische Erzähler, hatte gerade begonnen, sich einen Namen zu machen mit dem Erzählungsband *Dubliners* (1914)

und dem weiter unten erwähnten autobiographischen Roman *A Portrait of the Artist as a Young Man*, der 1914–15 in der Zeitschrift *The Egoist* vorabgedruckt worden war. VW hatte zum Werk von Joyce ein zwiespältiges Verhältnis.

10 *The Little Review* (hrsg. von Margaret Anderson und Jane Heap), N. Y., März 1918–Dezember 1920, veröffentlichte die ersten dreizehn Episoden (und Teile der vierzehnten, als der Weiterabdruck gerichtlich verboten wurde) der achtzehn Episoden des *Ulysses*. VW machte sich Notizen während ihrer Lektüre der Episoden, die von März bis Oktober 1918 erschienen. Der Roman erschien in Buchform 1922 in Paris.

11 Roman von Joseph Conrad (1902).

12 Roman von Thomas Hardy (1886).

13 Roman von Laurence Sterne (1759–67).

14 Roman von W. M. Thackeray (1848–50).

15 Anton Tschechow (1860–1904), der russische Dramatiker (*Drei Schwestern*, 1901; *Der Kirschgarten*, 1904) und Kurzgeschichtenautor.

16 Siehe Tschechows Geschichte »Gussew«, in *Die Steppe. Erzählungen aus den mittleren Jahren 1887–1892* (München: Winkler, S. 500). »In das Tuch eingenäht, gleicht er einer Mohrrübe oder einem Rettich – am Kopf breit, an den Füßen schmal . . .«

17 Siehe »The Village Priest« von Elena Militsina in *The Village Priest, and Other Stories* von Elena Militsina und Michail Saltykow. Übers. aus dem Russischen v. Beatrix L. Tollemache, mit einer Einleitung von C. Hagberg Wright (T. Fisher Unwin, 1918). VW besprach dieses Werk unter dem Titel »The Russian View« im *TLS* vom 9. Dezember 1918. Vgl. Anm. 3 zu dem Essay »Der russische Gesichtspunkt« in diesem Band.

18 George Meredith (1828–1909), der viktorianische Romancier an der Schwelle zur Moderne, der nicht ohne Einfluß auf VW war.

Aus dem Roman
Die Fahrt hinaus

Richard schlang sich einen Schal zweimal um den Hals und kämpfte sich zum Deck empor. Sein ganzer Körper, der in einem dunklen Zimmer weiß und empfindlich geworden war, kribbelte in der frischen Luft. Er empfand sich als einen Mann, der unbestreitbar im besten Alter war. Stolz strahlte aus seinem Blick, als er den Windstößen ohne Wanken standhielt. Den Kopf leicht gesenkt, scherte er um Ecken, schritt die Schräge des Decks hinauf und stellte sich dem Sturm. Es kam zu einem Zusammenprall. Einen Augenblick lang konnte er nicht erkennen, in welche Gestalt er hineingerannt war. »Entschuldigung.« »Entschuldigung.« Es war Rachel, die sich da entschuldigte. Beide lachten. Der Wind, der ihnen um die Ohren pfiff, hinderte sie am Sprechen. Rachel stemmte sich gegen ihre Kabinentür und trat in die Stille. Wenn er mit ihr sprechen wollte, konnte Richard nicht umhin, ihr zu folgen. Sie standen in einem Wirbelwind. Papier begann, im Kreis herumzuflattern, die Tür knallte zu, und sie taumelten lachend jeder in einen Sessel. Richard saß auf Bach.

»Meine Güte! Was für ein Sturm!« rief er aus.

»Schön, finden Sie nicht?« sagte Rachel. Offensichtlich hatte der Kampf mit dem Wind ihr die Festigkeit verliehen, die ihr sonst fehlte; ihre Wangen hatten sich gerötet, und ihr Haar hing offen herab.

»Ach, was für ein Spaß!« rief er. »Worauf sitze ich denn? Ist das Ihr Zimmer? Wie hübsch!«

»Da – setzen Sie sich dorthin!« befahl sie. Einmal mehr glitt Cowper zu Boden.

»Wie hübsch, sich wiederzubegegnen«, sagte Richard. »Seit dem letzten Mal scheint eine Ewigkeit vergangen zu sein. Cowpers Briefe... Bach?... *Sturmhöhe*? Hier drinnen denken Sie wohl über die Welt nach, um dann herauszukommen und armen Politikern verzwickte Fragen zu stellen? Zwischen zwei Anfällen von Seekrankheit habe ich eine Menge über unser Gespräch nachgedacht, glauben Sie mir – Sie haben mich nachdenklich gemacht.«

»Ich habe Sie nachdenklich gemacht! Aber wieso denn?«

»Was sind wir doch für einsame Eisberge, Miss Vinrace! Wie wenig vermögen wir einander doch mitzuteilen! Es gibt so viele Dinge, von denen ich Ihnen gern erzählen würde – um Ihre Meinung dazu zu hören. Haben Sie jemals Burke gelesen?«

»Burke?« wiederholte sie, »wer war denn Burke?«

»Nicht? Nun, dann werde ich es mir nicht nehmen lassen, Ihnen ein Exemplar zu schicken. *Die Rede über die Französische Revolution – Die Amerikanische Rebellion*? Welches nehmen wir denn am besten?« Er schrieb etwas in sein Notizbuch. »Und dann müssen Sie mir schreiben und mir sagen, was Sie davon halten. Diese Stummheit – diese Isolation, sie ist das entscheidende Merkmal des modernen Lebens! Und nun erzählen Sie mir von sich selbst. Was für Interessen haben Sie, womit beschäftigen Sie sich? Ich könnte mir vorstellen, daß Sie ein Mensch mit sehr ausgeprägten Interessen sind. Selbstverständlich sind Sie das! Großer Gott! Wenn ich mir ausmale, in welchem Zeitalter wir leben, was es nicht für Gelegenheiten und Möglichkeiten bietet, welche Unzahl von Dingen nicht darauf wartet, getan und genossen zu werden – warum haben wir nicht zehn Leben statt eines? Doch nun zu Ihnen...«

»Ich bin ja nun eine Frau«, sagte Rachel.

»Ich weiß... ich weiß«, sagte Richard, warf den Kopf zurück und strich sich mit den Fingern über die Augen.

»Wie seltsam – daß jemand eine Frau ist! Eine junge und schöne Frau«, fuhr er in salbungsvollem Ton fort, »hat die ganze Welt zu Füßen liegen. Das stimmt, Miss Vinrace. Sie besitzen eine unschätzbare Macht – zum Guten wie zum Schlechten. Was könnten Sie nicht alles tun...«, er sprach den Satz nicht zu Ende.

»Was denn?« fragte Rachel.

»Sie besitzen Schönheit«, sagte er. Das Schiff schlingerte. Rachel fiel ein wenig nach vorn. Richard nahm sie in die Arme und küßte sie. Er preßte sie an sich und küßte sie leidenschaftlich, so daß sie die Festigkeit seines Körpers und die Rauheit seiner Wange spürte, die sich gegen ihre drückte. Sie fiel in ihren Sessel zurück. Ihr Herz schlug so stark, daß ihr bei jedem Schlag eine schwarze Welle vor die Augen stieg. Er umklammerte seine Stirn mit den Händen.

»Sie führen mich in Versuchung«, sagte er. Der Ton seiner Stimme war beängstigend. Er schien wie erstickt von einem Kampf. Beide zitterten sie. Rachel stand auf und ging hinaus. Ihr Kopf war kalt, ihre Knie bebten, und die physische Qual, die von ihren Empfindungen ausging, war so groß, daß sie sich nur wie losgelöst von den gewaltigen Sprüngen ihres Herzens bewegen konnte.

Sie lehnte sich über die Reling des Schiffes und hörte allmählich zu fühlen auf, denn ein Frösteln überkroch Körper und Seele. Weit draußen zwischen den Wellen ließen kleine schwarzweiße Seevögel sich vom Wasser tragen. Wie sie da mit glatten, anmutigen Bewegungen zwischen zwei Wellen auf und ab glitten, wirkten sie sonderbar entrückt und unbeteiligt.

»Ihr habt euren Frieden«, sagte sie. Friede begann auch sie zu erfüllen, doch ergriff sie gleichzeitig ein seltsames Hochgefühl. Das Leben schien unendliche Möglichkeiten bereitzuhalten, von denen sie bislang nichts geahnt hatte. Sie stand über die Reling gelehnt und blickte auf das unruhige graue Wasser hinaus, wo das Sonnenlicht sich unregelmäßig über die Wellenkämme verteilte. Irgendwann war ihr kalt, und sie war wieder vollkommen ruhig. Was nichts daran änderte, daß etwas Wundervolles geschehen war.

Beim Abendessen fühlte sie sich hingegen nicht erhoben, sondern bloß unbehaglich, so als hätten Richard und sie etwas erblickt, das im gewöhnlichen Leben verborgen bleibt, so daß sie einander nicht anschauen mochten. Richard ließ den Blick in sichtlichem Unbehagen einmal über sie hinweggleiten und sah sie dann nie wieder an. Mit Mühe brachten sie einige Platitüden zustande, doch Willoughby war glänzend aufgelegt.

»Braten für Mr. Dalloway!« rief er. »Kommen Sie – nach einem solchen Spaziergang befinden Sie sich im Roastbeef-Stadium, Dalloway!«

Großartige Männergeschichten über Bright und Disraeli und Koalitionsregierungen folgten, großartige Geschichten, die die Menschen am Eßtisch zu gesichtsloser Unbedeutendheit schrumpfen zu lassen schienen. Nach dem Abendessen fiel Helen, als sie allein mit Rachel unter der schwingenden Lampe saß, deren Blässe auf. Einmal mehr ging ihr durch den Kopf, daß das Benehmen des Mädchens etwas Seltsames hatte.

»Du siehst müde aus. Bist du müde?« fragte sie.

»Nicht müde«, sagte Rachel, »ach doch, ich bin wohl müde.«

Helen empfahl ihr, schlafen zu gehen, und sie ging, ohne Richard noch einmal zu sehen. Sie mußte sehr müde gewesen sein, denn sie schlief sofort ein, doch nach ein, zwei Stunden traumlosen Schlafs begann sie zu träumen. Sie träumte, sie liefe durch einen langen Tunnel, der nach und nach so eng wurde, daß sie auf beiden Seiten die feuchten Mauersteine berühren konnte. Nach einer ganzen Weile öffnete der Tunnel sich und wurde zu einem Gewölbe. Sie merkte, daß sie darin gefangen war, denn wohin sie sich auch wandte, überall waren Mauersteine, und sie war allein mit einem mißgestalten kleinen Mann, der brabbelnd am Boden kauerte und lange Fingernägel hatte. Sein Gesicht war pockennarbig und sah aus wie ein Tiergesicht. Die Wand hinter ihm troff vor Nässe, die sich in Tropfen sammelte und zu Boden rann. Reglos und kalt lag sie und wagte nicht, sich zu bewegen, bis sie die Pein mit einem Ruck durchbrach, indem sie sich quer über das Bett warf und mit einem »Oh!« erwachte.

Bei Licht erblickte sie die vertrauten Dinge: ihre vom Sessel gefallenen Kleidungsstücke, den weißschimmernden Wasserkrug, doch das Grauen wich nicht sofort. Sie fühlte sich verfolgt, so daß sie tatsächlich aufstand und die Tür verriegelte. Eine Stimme seufzte nach ihr, Augen begehrten sie. Die ganze Nacht lang suchten barbarische Männer das Schiff heim; schlurfend kamen sie die Gänge hinab und blieben schnüffelnd an ihrer Tür stehen. Sie konnte nicht wieder einschlafen.

Deutsch von Karin Kersten

Leslie und Julia Stephen mit Virginia im Hintergrund, ca. 1892.

Virginia und Adrian Stephen um 1886.

Vordere Reihe: Vanessa, Virginia, Adrian. Hintere Reihe: Sir Leslie Stephen, Lady Albutt, Mrs Stephen, Gerald Duckworth, Sir C. Albutt. St. Ives, ca. 1892.

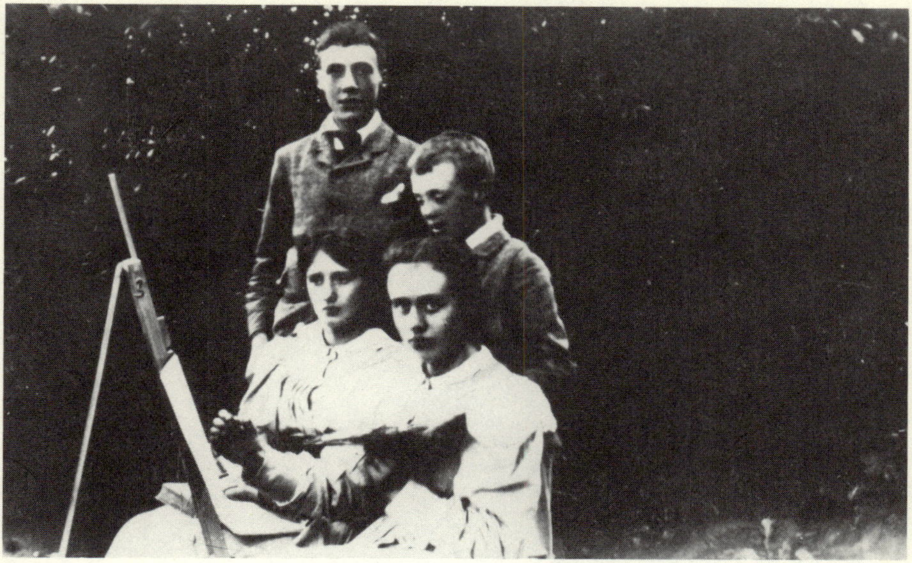

Vanessa vor ihrer Staffelei mit Virginia, Thoby und Adrian.

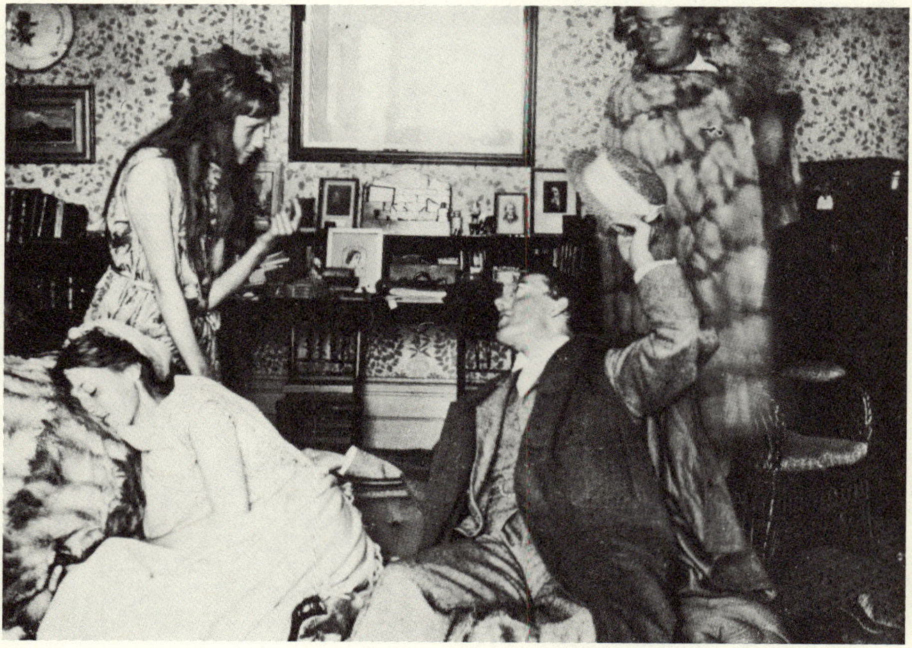

Verrückte Späße in St. Ives, ca. 1892. Stehend: Virginia und Jack Hills. Sitzend: Vanessa und Walter Headlam.

Virginia mit ihrem Vater, um 1903, von G. C. Beresford aufgenommen.

III Texte über Virginia Woolf

Leon Edel über Virginia Woolf und ihr Erstlingswerk *Die Fahrt hinaus*

Die Mischung aus Bissigkeit und Charme, die Virginia Woolf während der Jahre am Fitzroy Square an den Tag legte, entsprach den beiden Gegenpolen ihres verwirrten Geistes. Sie schrieb an einem Roman über eine Jungfrau – sie selbst. Erst nannte sie ihn *Melymbrosia* und später *Die Fahrt hinaus*. Sie arbeitete ein halbes Dutzend Jahre daran, schrieb und schrieb um. Sie scheint auf den unerwarteten Tod ihrer Halbschwester Stella zurückgekommen zu sein; aber das Buch enthält die Gemütsbewegung, die von all den Todesfällen herrührte, die sie in den letzten Jahren miterlebt hatte. (Neben Stella hatten die Woolf-Geschwister ihre Eltern und den geliebten Bruder Thoby verloren. A. d. Ü.) Mit blinder Courage und viel Schmerz suchte sie sich der Bürde der Melancholie und der Trauer zu entledigen. In die Geschichte mitaufgenommen ist ihr Flirt mit Clive (Clive Bell, Kunsthistoriker und Publizist, verheiratet mit Vanessa, A. d. Ü.) oder dessen Thoby-artiger Attraktivität. Wir sehen auch ihre Faszination für Lytton (Lytton Strachey, A. d. Ü.) und ihren Wunsch, eine große Romanschriftstellerin zu werden; und es werden alle Fragen berührt, an denen sie sich während der nachfolgenden Jahre immer wieder reiben sollte: das Mysterium Mensch, Feminismus, Suizid – »die Dinge, über die die Leute nicht sprechen« – und ihr eigenes Verlangen nach einer Ehe wie die ihrer Schwester Vanessa. Mit ihren ungelösten androgynen Gefühlen und ihrer Haßliebe für das Männliche wollte sie die Männer um sich herum entdecken und verstehen. Sie tat ihren Roman immer als eine »Harlekinade« ab. Er war die Harlekinade ihres Lebens – die Tragödie, »daß man Sachen anfing und sie dann sein lassen mußte«. Die alte Angst vor Spiegeln kehrt wieder, als die Heldin ihr Gesicht in einem Weinglas sieht und feststellt, daß »es nicht das Gesicht war, das sie wollte, und es aller Wahrscheinlichkeit nach auch nie sein würde«. Virginias »Fahrt hinaus« ist die Reise von Hyde Park Gate über Gordon Square zum Fitzroy Square, und auch die nach innen gekehrte Reise eines Lebewesens, das seine zwei Welten erkundet – die Abgründe des Wahnsinns und das Mysterium des Genies. Sie nennt das Schiff, auf dem die Reise unternommen wird, die »Euphrosyne«, der Titel der frühen Cambridge-Anthologie, über die sie sich lustig gemacht hatte, und man erinnert sich, daß das griechische Wort für Wahnsinn »aphrosine« ist. Das Schiff, das umhertreibt, ist also Bloomsbury, und Virginia treibt auf ihrem Wahnsinn umher. Rachel Vinrace ist von ihrer Autorin in dem Roman dazu verurteilt, zu sterben anstatt zu leben; sie bewegt sich in einer Serie von Wahrnehmungs- und Auflösungsmomenten, bis sie schließlich wie Thoby vom Fieber hinweggerafft wird. Die Beschreibung von Rachels Tod gleicht jedoch eher den Schilderungen von Virginias Empfindungen, wenn sie in den Wahnsinn abglitt. Während Rachel stirbt, fühlt sie sich »völlig abgeschnitten, unfähig, mit der übrigen Welt zu kommunizieren, isoliert, allein mit ihrem Körper«. Dies kommt sehr nah an Virginias Rückzugsverhalten, wenn sie in einen ihrer Schübe versank.

In *Die Fahrt hinaus* sieht man, wie eine Autorin ihre persönliche Lebenserfahrung auf verschiedene Figuren verteilt. Terence Hewet ist Virginia, wenn er von seinem Ehrgeiz spricht, Romane zu schreiben, und seinem Wunsch, Worte zu finden, die das Schweigen und Verstummen der Menschen wiedergeben. Er ist auch eine Version von Clive Bell (Heward war ein gebräuchlicher Name in der Familie Bell). Terence Hewets Liebe zu Rachel zeichnet die Kurve von Clives Flirt nach, der Virginia erstmals das aufwühlende Gefühl einer nicht erfüllten Liebe entdecken ließ, das sie hier nun beschreibt. Sie schrieb an einem merkwürdig mythischen Roman. Bloomsbury verschlägt es an eine südamerikanische Küste, wo es zwischen einem Hotel und einer Villa aufgeteilt wird – Gordon Square und Fitzroy Square. Auf seinen lichten und oft schmerzvollen Seiten liest man eine Geschichte von Unschuld und Verschwendung, Qual und Unwissenheit und der Welt der Gespräche, in der sich Virginia bewegte und die Leonard so scharf kritisieren sollte. »Gespräche waren die

Medizin, der sie sich anvertraute, Gespräche über alles, Gespräche, die frei waren, unbedacht und so offen, wie die Gewohnheit, sich mit Männern zu unterhalten, es ihr zur Selbstverständlichkeit gemacht hatte.«

Virginia vertraute Clive die ersten Seiten ihres Romans an. Sie brauchte die männliche Sanktion. Als sie anfing, das Buch zu schreiben, träumte Virginia, daß sie es ihrem Vater zeigte, und er schnaubte und ließ es auf einen Tisch fallen, »und ich war sehr schwermütig und las es heute morgen und fand es sehr schlecht«. Sie konnte Clives Lob nicht annehmen. Er hätte, wie ihr Vater, das Buch mißbilligen sollen. Sie dachte, es seien nur wieder seine üblichen Galanterien und Schmeicheleien. Aber Clive erkannte mit seinem durchdringenden kritischen Gespür, daß Virginia die Fähigkeit besaß, »das aufregende Wirkliche unter dem faden Schein« zu zeigen. Er schimpfte mit ihr, weil die Frauen immer subtil, empfindsam, taktvoll, anmutig und von zartfühlender Wahrnehmung seien; und die Männer stumpf, vulgär, blind, grell, ungehobelt, taktlos, aufdringlich, derb, eitel, tyrannisch und dumm. Auch hier scheint Clive eine Rolle übernommen zu haben, die Thoby – und später Leonard – für Virginia ausfüllten. Letztlich mußte sie anerkennen: »Du warst der erste, der je dachte, ich würde gut schreiben.«

Hilde Spiel
Sonne und Mond

Mit Sonne und Mond hat man sie verglichen, die Schwestern Stephen, deren eine bis über ihren Tod hinaus nur einer kleinen, erlesenen Schicht in England als außerordentliche Erscheinung bekannt war, während die andere schon zu Lebzeiten zu Weltruhm kam. Lag das an der Form, in der ihr schöpferischer Ausdruckswille sich manifestierte? Doch wohl kaum. Denn Vanessa Bell, wie sie nach ihrer Heirat hieß, hätte als Malerin leichter Zugang zu kunstverständigen Menschen allerorten finden können, indes Virginia Woolf, die sich gleichfalls erst unter ihrem ehelichen Namen in die Öffentlichkeit begab, außerhalb ihres Sprachraums auf Vermittler und Interpreten angewiesen war. So muß man den Grund in der himmelweiten Spanne zwischen Genie und Begabung suchen – einer Spanne, die an diesen beiden, einander innig verbundenen Frauen mit einzigartiger Klarheit zutage tritt.

»Ich sah sie (die beiden Schwestern) zum ersten Mal«, schrieb Virginias Mann Leonard Woolf im hohen Alter in seinen Erinnerungen, »an einem Sommernachmittag in Thobys Räumen.« Die befanden sich im Trinity College in Cambridge, das neue Jahrhundert hatte eben begonnen, und Thoby war ein jüngerer Bruder von Vanessa und Virginia. »Sie trugen weiße Kleider und große Hüte«, so Leonard Woolf, »mit Sonnenschirmen in den Händen, und ihre Schönheit raubte einem buchstäblich den Atem, denn wenn man sie plötzlich anblickte, hielt man staunend inne, und alles, auch das Atmen, hörte eine Sekunde lang auf, wie wenn man in einer Galerie plötzlich einem Rembrandt oder Velazquez gegenübersteht oder in Sizilien, um eine Kurve biegend, über die Felder hinweg den lieblichen Tempel von Segesta gewahrt.«

Nur drei Jahre trennte die Schwestern voneinander, doch dieser Unterschied hatte sich schon früh entscheidend ausgewirkt. Vanessa war sechzehn, Virginia dreizehn gewesen, als der Tod ihrer Mutter die weitläufige viktorianische Familie der Stephens in Verzweiflung stürzte. Nachdem eine Halbschwester der Mädchen, die den Haushalt führte, sich verheiratet hatte und dann unerwartet gleichfalls gestorben war, mußte die älteste Tochter des weltfremden und verwöhnten Gelehrten Leslie Stephen für ihn und ihre Geschwister sorgen.

Noch als erwachsene Frau bezeichnete Virginia sich in einem Brief an Vanessa als deren Kind, »Deine Erstgeborene«. Ob Vanessa von Natur mütterlich gewesen war, ob sie es erst durch ihre Mutterrolle wurde, sei dahingestellt. So sehr die beiden Mädchen in Thobys Räumen einander zu gleichen schienen, so sehr ihre Ähnlichkeit – die schmale hohe Gestalt, das edelgeformte Gesicht mit den großen Augen, der geraden Nase, den vollen Lippen – durch alle Jugendbilder bestätigt wird: Vanessa blühte auf zu einer Erdmutter, einer Sonnengöttin, während Virginia immer durchscheinender wurde, eine Luna, die zuweilen »lunatic«, will heißen geistesverwirrt, war.

Über die große Dichterin, deren Werk neben dem von Joyce und Proust bestehen kann, hat man in den letzten Jahrzehnten hinreichend Auskunft erhalten. Kaum ein Zug an dieser irisierenden Figur, diesem flimmernden Werk, das die Wirklichkeit atomisiert und nach Art der pointillistischen Maler aus tausend Farbtupfen neu erschaffen hat, ist uns noch verborgen. Auch der magische Kreis, aus dem sie sich kaum je entfernte, das Planetensystem des Intellektuellen- und Künstlerzirkels Bloomsbury Group, wurde immer wieder erhellt. Stets erscheint in dieser Darstellung Virginia Woolf als Mittelpunkt, obschon es doch das Doppelgestirn Virginia und Vanessa war, um das die anderen kreisten.

Jener unerklärliche Zusatz in ihren Genen, der alles, was Virginia schrieb, mit dem Schimmer des Genialen überzog, nein, mit dem Elixier des Genialen durchtränkte, wies ihr diese Bedeutung zu. Dennoch kam ihr Vanessa, deren künstlerische und dekorative Hervorbringungen, so reizvoll und kompetent sie auch waren, ein liebenswertes Mittelmaß nicht überstiegen, an Strahlkraft und Anziehungskraft nicht nur gleich, sondern übertraf sie darin bei weitem.

Erst in jüngster Zeit ist dem Leben und Schaffen Vanessa Bells Gerechtigkeit widerfahren, tritt diese Sonne, die für die Nachwelt im Schatten des Mondes gestanden hatte, deutlicher hervor. Aus verstreuten Hinweisen der Biographen ihrer Schwester, aus Virginias eigenen Briefen und Tagebüchern war sie zwar einigermaßen rekonstruierbar gewesen, doch ein Rätsel blieb sie, bevor der Lichtkegel voll auf sie fiel.

Virginia war nicht schuldlos daran. Zu ihrer schillernden Persönlichkeit gehört eine Mischung aus Loyalität und Bosheit, eine Malice, die nicht haltmacht vor dem Liebsten und Nächsten, die einhergehen kann mit äußerster Vertrautheit und Anhänglichkeit. »Ohne Zweifel«, schrieb sie einmal an Vanessa, »liebe ich Dich mehr als irgend jemand anderen auf der Welt. Du bist der kompletteste Mensch von uns allen.« Fast im gleichen Atem teilte sie einer Freundin mit: »Die gute alte Nessa ist kein Genie, obwohl sie alle menschlichen Gaben hat; und ein Genie ist ein Zufall.«

Daß Virginia ihre Schwester manchmal »fast bis zum gedanklichen Inzest liebte«, hat Nigel Nicolson in seinem Vorwort zu einem ihrer Briefbände erklärt. Es brach ihr beinahe das Herz, als Vanessa, erschüttert durch den Tod des Bruders Thoby, die oft zuvor abgewiesene Werbung seines Freundes Clive Bell angenommen hatte. Und es ist charakteristisch für die Neidgefühle und Eifersucht, die Virginia empfand, aber auch für ihre seltsame Tücke, daß sie bereits dreizehn Monate nach dieser Eheschließung einen heftigen Flirt mit Clive begann. Vanessa – ihre »Nessa« – war um diese Zeit mit dem erstgeborenen Sohn Julian beschäftigt, und so nützte Virginia das Unbehagen des Vaters über das schreiende Baby aus. Später sollte sie ihrer Freundin Gwen Raverat anvertrauen: »Meine Affäre mit Clive und Nessa bohrte mir ein Messer in den Leib, mehr als irgend etwas jemals tat.« Doch sie hatte sich einmengen wollen in dieses Glück, ja, es unbewußt vielleicht zerstören. Sie verbrachte den ganzen Sommer mit dem jungen Ehepaar in Italien. Und der Schriftsteller Lytton Strachey schrieb an Virginias späteren Mann Leonard Woolf: »Daß dieser kleine kanarienvogelgleiche Bengel (Clive Bell) ... das geschafft hat! Die zwei schönsten und geistreichsten Frauen Englands!«

Virginia selbst war, um 1908, weder glücklich noch bekannt. Sie hatte begonnen, ihr erstes Buch zu schreiben, *The Voyage Out*, doch es sollte erst fünf Jahre später im Druck erscheinen. Einen Heiratsantrag des homosexuellen Lytton Strachey erwog sie ernsthaft, doch Lytton selbst zog ihn zurück. 1910 erlitt Virginia bereits ihren dritten Zusammenbruch. Ein Jahr darauf bekannte sie in einem Brief: »Ich konnte nicht schreiben, alle Teufel überfielen mich – haarige und schwarze. 29 zu sein und unverheiratet – ein Versager – kinderlos – wahnsinnig auch, keine Schriftstellerin.« Um diese Zeit hatte Vanessa längst ihre Bilder ausgestellt, hatte zwei Kinder in die Welt gesetzt und ihre Ehe mit Clive auch schon in eine bloße Seelengemeinschaft verwandelt. Sie war, diese ebenso rationale wie sinnenfreudige Frau, eine der ersten Vorkämpferinnen der freien Liebe. Auf den Bällen, zu denen sie ging, und den »wilden Partys« in Bloomsbury warf sie, wie ihr Sohn Quentin später schreiben sollte, »die meisten ihrer Kleider von sich«. Sie propagierte eine »libertinistische Gesellschaft«, deren sexuelle Ungebundenheit freilich durch Passion gerechtfertigt sein mußte.

Virginia aber, mondbleich und frigid, schreckte zurück vor allen Bewerbern aus Angst vor dem »Bettgetümmel«. Nachdem sie, 1912, ungewiß und zögernd den Antrag des klugen Kolonialbeamten Leonard Woolf angenommen hatte, gedachte sie sich zu überwinden und bat ihre Schwester um Rat. Beide, Leonard und sie, erschienen nach der Hochzeit bei Vanessa, um das Problem mit ihr zu besprechen. In einem Brief an die vertraute Freundin Katherine Cox berichtete Vanessa: »Sie schienen sehr glücklich, aber beide etwas beunruhigt über ihre Kälte... Offenbar findet sie immer noch kein Vergnügen an dem Vorgang, was mir merkwürdig vorkommt. Sie wollten dringend wissen (beide!), wann ich meinen ersten Orgasmus hatte. Ich konnte mich nicht erinnern. Kannst Du's?« Man muß annehmen, daß die Woolfs, nachdem sie bald darauf ihr gemeinsames Schlafzimmer aufgegeben hatten, jede geschlechtliche Vereinigung mieden. Und Leonard, der Virginias Genie erkannt hatte und sie tief bewunderte, der sie zeitlebens behüten sollte wie ein zerbrechliches Gefäß, fügte sich ohne Widerstand.

Vanessa indessen, dieser »komplette« Mensch, diese leuchtende Frau – Virginia verglich sie einmal mit einer Schale voll goldenem

Wasser, das sprudelt, aber niemals überfließt –, lebte ein immer volleres Leben mit den Männern ihrer Wahl. Roger Fry, der große Kunsthistoriker und Maler, Pionier der Post-Impressionisten, blieb jahrelang ihr Liebhaber und gründete mit ihr den Omega Workshop, eine Künstler- und Kunstgewerbler-Vereinigung. Sie versammelten alle Begabungen der Zeit um sich, ließen sie Entwürfe herstellen für jede Form der Innendekoration, von Fresken, bemaltem Mobiliar und Stoffen bis Töpferwaren und Postkarten, und bevorzugten herausfordernde Farben und Muster.

Virginia war entsetzt über die Kleider, die Vanessa entworfen hatte. Die Farben »rissen mir fast die Augen aus den Höhlen – ein Rock gestreift aus Rot und Gelb der scheußlichsten Sorte, dazu eine erbsengrüne Bluse und ein grelles Kopftuch, angeblich nach kühnstem Geschmack. Ich werde mich auf Taubengrau und altes Lavendel beschränken, mit einem Spitzenkräglein und Batist-Pulswärmern.«

Natürlich meinte Virginia das nicht ernst. Ihre eigene Art, sich anzuziehen, war keineswegs konventionell. Sie schien, wie Julia Strachey sagte, »nicht zu Hause in ihrem Körper«. Ihre innere Eleganz teilte sich gleichwohl ihren unauffällig fließenden Gewändern mit. Sie hatte nun an der Seite Leonards ihre ruhige Tätigkeit am Schreibtisch begonnen, unterbrochen freilich durch Zerrüttungen und Selbstmordversuche, wenn intensive Arbeit oder äußere Ereignisse ihre labile Psyche zu sehr belastet hatten, und brachte jedes Jahr oder jedes zweite Jahr ein neues Buch heraus. Manchmal tat ihr Vanessa geradezu leid, weil diese das graue englische Klima nicht ertrug und immer wieder in den europäischen Süden fahren mußte. »Wie mühsam, eine Malerin zu sein und Licht und Landstraße zu brauchen statt eines Kaminfeuers und eines Buchs.« Und als ihre Schwester Roger Fry aufgegeben und sich mit dem jüngeren, androgynen und faunschönen Maler Duncan Grant zusammengetan hatte, fand Virginia deren Lebensweise in einem großen alten Bauernhaus in Sussex, Charleston, mehr als ein wenig abstrus.

»Nessa scheint die Zivilisation abgeschüttelt zu haben und planscht völlig nackt herum, schamlos und mit enormem Schwung.« Und: »Nessa haust wie eine alte Hennenfrau inmitten von Enten, Hühnern und Kindern. Sie will nie wieder ordentliche Kleider anziehen –

selbst ein Bad scheint sie zu bedrücken.« Dies in Briefen an Freunde, verräterisch also im Grunde – so sehr sie an der Schwester hing. Vanessa aber hatte in der Tat ihre ideale Lebensform gefunden.

Duncan Grant, erst durch die Sonnengöttin zur Heterosexualität bekehrt, sah in ihr die vollendete Gefährtin. Sie malten, entwarfen, dekorierten nahezu verwechselbar, sie bedeckten jede Wand, jedes Möbelstück mit bunten Bildern und Mustern. Vanessas Söhne wuchsen bei ihnen auf, und als 1918 noch eine kleine Tochter geboren wurde, Angelica, gab Clive Bell ihr seinen Namen, obwohl Grant der Vater war. Sie lebt heute noch, verwitwet, in Charleston, hütet das Erbe der Eltern und malt.

Virginia, die Kinderlose, liebte Angelica am meisten von ihren Nichten und Neffen. Wenn sie selbst den physischen Prozeß der Begattung und Geburt von sich gewiesen, ja verabscheut hatte, nahm sie doch Vanessas Kinder ans Herz. Zum Kostümfest am elften Geburtstag Angelicas erschien sie als Märzhase – aus »Alice im Wunderland«. Und als 1935, im Familienkreis, Virginias kleines Stück »Freshwater« aufgeführt wurde, erhielt Angelica die Hauptrolle. Zwei Jahre darauf fiel Julian im spanischen Bürgerkrieg. Seine Mutter Vanessa aber versank in einen solchen »Paroxysmus des Schmerzes«, eine so tiefe Depression, daß viele Wochen niemand ihr verdunkeltes Zimmer betreten durfte, außer Virginia, die aus ihrem nahen Monks House in Rodmell herüberkam und an ihrem Bettrand saß.

Vanessa, deren Schönheit auch als reife Frau die Welt blendete, die eine prickelnde Kraft ausströmte »wie von zerdrücktem Salbeikraut« – so Angelica –, war zuweilen gleichfalls in seelischer Gefahr. »Ihre Ruhe«, hat Leonard Woolf enthüllt, »war in gewissem Grade oberflächlich, reichte nicht tief in ihr Gemüt, denn dort in der Tiefe war eine äußerste Empfindsamkeit, eine nervöse Spannung«. Wie denn auch anders, bei einer Schwester von Virginia! So flüchteten die beiden, so sehr ihr Leben und ihre Arbeit sich unterschieden, in Augenblicken der Krise zueinander, und niemand sonst war ihnen der gleiche Trost. Vanessa pflegte Virginia in ihren manisch-depressiven Perioden, und Virginia half ihrer Schwester über den größten Kummer ihres Lebens, den Tod ihres Sohnes, hinweg.

Wie aber erklärt sich, nach alledem, die künstlerische Fallhöhe zwischen ihnen? Waren es die Gene, wie wir anfangs sagten, abgeleitet von den hochgezüchteten Familien der Jacksons und der Stephens – einer schönen Mutter, geliebt von Vanessa, und einem gelehrten Vater, bewundert von Virginia? Wurde Vanessas Segen, daß sie weltzugewandt, sinnenfroh, lebensvoll und mütterlich war, zu ihrem Fluch, und geriet Virginias Fluch der Frigidität ihr zum Segen?

Daß es »irgendwo eine alte Feindschaft« gäbe »zwischen dem Leben und der großen Arbeit«, hat Rilke erkannt. Aber auch Vanessa glaubte oder beteuerte zumindest, daß »Kunst das einzige, das Bleibende« sei, obgleich sie alles andere »herrlich« finde. So sehr sie sich ihr hingab, dieser Kunst: es war nicht genug. Die Kunst will Opfer. Das Genie duldet keine anderen Götter neben sich. Und so wurde denn Virginia, die zeitlebens an der Übermacht ihrer dichterischen Visionen litt und sich zuletzt ertränkte, nicht aber Vanessa, die mit einundachtzig Jahren zufrieden in Charleston starb, der wahre Nachruhm zuteil. (1982)

E. M. Forster
Virginia Woolf

(...)

Sobald wir die Legende der Gebrechlichen Dame von Bloomsbury fallenlassen, dieser blauäugigen Annahme Arnold Bennetts, befinden wir uns in einer verwirrenden Welt, in der es nur wenige Schlagzeilen gibt. Wir denken an *Die Wellen* und sagen: Ja – das ist Virginia Woolf. Dann denken wir an *Der gewöhnliche Leser,* wo sie anders ist, und an *Ein Zimmer für sich allein* oder an das Vorwort zu *Life as We Have Known It:* wieder ganz anders. Sie ist wie eine Pflanze, die in einem gepflegten Blumenbeet wachsen soll – dem Beet der esoterischen Literatur – und deren Triebe dann überall aufschießen, im Kies der Auffahrt und sogar zwischen den Steinplatten des Hinterhofs. Sie war voller Interessen, deren Zahl mit dem Alter zunahm; dem Leben begegnete sie mit Neugier, und sie war zäh – empfindsam, aber zäh. (...)

Trotzdem aber gibt es eine dünne Rettungsleine, nach der wir greifen können: Sie schrieb gerne.

Diese Worte, die gewöhnlich so wenig bedeuten, müssen auf sie mit der denkbar größten Intensität angewandt werden. Sie liebte es, Eindrücke aufzunehmen – zu sehen, zu hören, zu schmecken –, sich die Eindrücke durch den Kopf gehen zu lassen, wo sie auf Theorien und Erinnerungen trafen, und sie dann, mittels einer Feder, auf einem Stückchen Papier wieder hervorzubringen. Jetzt begannen die höheren Freuden der Autorschaft. Denn diese Federstriche auf dem Papier waren nur das Vorspiel zum Schreiben, nicht viel mehr als Male an einer Wand. Sie mußten kombiniert, arrangiert, hier hervorgehoben, dort ausgelöscht werden, neue Beziehungen mußten entwickelt, neue Federstriche geboren werden, bis aus diesen Wechselwirkungen etwas, das Was, das Eine erwuchs. Dieses Eine, ob es ein Roman oder ein Essay oder eine Kurzgeschichte oder eine Biographie oder etwas Persönliches war, das sie ihren Freunden vorlas, entsprach seinerseits, wenn es gelungen war, einer Sinneswahrnehmung. Obwohl es so komplex und intellektuell war, obwohl es vielleicht lang war und schwer von Fakten, war es doch mit den sehr einfachen Dingen verwandt, aus denen es hervorgegangen war, dem Gesehenen, Gehörten, Geschmeckten. Dies konnte am besten so beschrieben werden, wie wir es beschreiben. Denn es war nicht *über* etwas; es war dieses etwas selbst. Dies ist ganz deutlich in den »ästhetischen« Werken, wie »Kew Gardens« und *Mrs Dalloway;* weniger deutlich ist es in Studien, wie zum Beispiel *Roger Fry,* und trotzdem stimmt auch hier noch die Analogie. Aus einem Artikel von R. C. Trevelyan wissen wir, daß sie bei der Arbeit daran einer Vorstellung folgte, die der einer musikalischen Komposition entsprach. Im ersten Kapitel stellte sie die Themen vor, in den folgenden Kapiteln führte sie sie unabhängig voneinander durch, und am Ende versuchte sie, wieder alle zusammenzubringen. Die Biographie ist wirklich über Fry. Aber sie ist auch etwas anderes; sie ist Was, das Eine.

Sie schrieb gerne mit einer Intensität, die wenige Schriftsteller erreicht oder auch nur angestrebt haben. Die meisten von ihnen schreiben, mit einem halben Auge auf den Honoraren, mit einem halben Auge auf den Kritikern, einem dritten halben Auge auf der Verbesserung der Welt, wodurch ihnen nur ein halbes Auge für die Aufgabe bleibt, auf die sich Virginia Woolfs gesamte Vision konzentrierte. Sie weigerte sich, irgendwo anders hinzuschauen, und ihre Lebensumstände verbanden sich mit ihrem Temperament, um ihren Blick einzustellen. Über Geld mußte sie nicht nachdenken, weil sie über ein privates Einkommen verfügte, und obwohl finanzielle Unabhängigkeit nicht unbedingt vor Kommerzialismus schützt, war dies bei ihr der Fall. Über die Kritiker dachte sie nie nach, während sie schrieb, obwohl sie hinterher ihnen gegenüber aufmerksam, ja sogar demütig sein konnte. Über die Verbesserung der Welt weigerte sie sich nachzudenken, weil es eine von Männern gemachte Welt sei, und weil sie, als Frau, für den Schlamassel nicht verantwortlich sei. Diese letzte Ansicht ist merkwürdig, und ich werde auf sie zurückkommen; wie dem auch sei: sie vertrat sie, sie komplettierte den Kreis ihrer Schutzvorrichtungen, und weder der Wunsch nach Geld noch der Wunsch nach öffentlicher Anerkennung noch Philanthropie konnten sie beeinflussen. Sie war von einer einzigartigen Zielstrebigkeit, die in diesem Land viele Jahre lang nicht ihresgleichen haben wird, und Schriftsteller, die so gern schrieben wie sie, sind in der Tat zu keiner Zeit geläufig gewesen.

Die Falle, in die ein solcher Autor gehen kann, ist offenkundig. Es ist der »Palast der Kunst«, dieser bodenlose Abgrund des Stumpfsinns, der vorgibt, ein Palast zu sein, mit seiner Pracht aus Korridoren und Kuppeln, der aber in Wirklichkeit ein schreckliches Loch ist, in das der unbedachte Ästhet purzeln kann, um nie mehr gesehen zu werden. Sie hat alle Merkmale der Ästhetin: sie wählt ihre Eindrücke aus und manipuliert sie, ist keine große Schöpferin von Charakteren, zwingt ihren Büchern Strukturen auf, ist keiner großen Sache verpflichtet. Also weshalb tappte sie nicht in die entsprechende Falle und schaffte es, oben an der frischen Luft zu bleiben, wo wir das Geräusch der Stiefel des Stallburschen hören können, das Aneinanderstoßen der Boote oder Big Ben, wo wir wirklich frisch gebackenes Brot schmecken oder wirkliche Dahlien berühren können?

Sie hatte Sinn für Humor, kein Zweifel, aber unsere Antwort muß ein wenig tiefer gehen, als es diese uralte Binsenwahrheit tut. Ich glaube, sie entkam, weil sie gern zum Vergnügen schrieb. Ihre Feder amüsierte sie, und inmitten ernsthaften Schreibens konnte dieses andere Vergnügen plötzlich hervorbrechen. Ein kleiner Essay mit dem Titel »On Being Ill« (Über das Kranksein) macht dies deutlich. Er beginnt mit der These, daß Krankheit in der Literatur selten angemessen behandelt wird (De Quincey und Proust waren Ausnahmen), daß die Romanautoren mit dem Körper so umgehen, als wäre er eine Glasscheibe, durch die die Seele blickt, und daß dies der Erfahrung entgegensteht. Die These bietet Möglichkeiten, die zu untersuchen sie aber bald müde wird. Schon ist sie auf und davon und amüsiert sich, und nach einem halben Dutzend Seiten schreibt sie nur noch aus Spaß, karikiert die Art von Leuten, die Krankenzimmer besuchen, behauptet voller Nachdruck, daß *Two Noble Lives* von Augustus Hare das Buch sei, dessen ein Kranker am meisten bedürfe, und so weiter. Wenn sie wollte, konnte sie Krankheit beschreiben – wie zum Beispiel in *Die Fahrt hinaus* –, aber frohen Herzens vergißt sie das in »On Being Ill.« Der Essay ist unbedeutend, aber er illustriert exakt ihre Art zu denken. Literatur war für sie zugleich ein lustiges Karussell und ernsthafte Arbeit. Das macht es so amüsant, sie zu lesen, und rettet sie auch vor dem Palast der Kunst. Denn man kann den Palast der Kunst nicht betreten, um darin zu wohnen, wenn man von Zeit zu Zeit in Versuchung gerät, den Narren zu spielen. Das hat Lord Tennyson nicht bedacht. Sein Rezept, wenn Sie sich erinnern, behauptete, daß der Palast gereinigt sein würde, sobald die gesamte, plötzlich ernsthaft gewordene Menschheit ihn bewohnte. Virginia Woolf fand eine einfachere und vernünftigere Lösung.

Zweifellos lauert auch hier eine Gefahr – überall lauern Gefahren. Vielleicht wäre aus ihr eine gefeierte Diseuse geworden, die ihre breitere Wirkung durch Boshaftigkeit verspielte, und tatsächlich machte sie auf einige, die sie leibhaftig erlebten, diesen Eindruck. Es gab Momente, in denen sie kaum noch die Büsten unter all den Schnurrbärten sah, die sie ihnen mit feinem Strich angemalt hatte, und wenn es sich um eine moderne handelte, ob die eines Gentleman mit Zylinder oder die eines jungen Mannes auf einem Torpfosten, hatte die Büste keine Chance, erhaben zu bleiben. Aber in ihren Schriften, selbst in den leicht hingeworfenen, kam eine zentrale Kontrolle ins Spiel. Sie beherrschte ihr kompliziertes Rüstzeug, und obwohl die meisten von uns gern schreiben, manchmal ernsthaft und machmal aus Spaß, können wenige von uns die beiden Impulse so handhaben, daß sie sich, wie bei ihr, gegenseitig antreiben.

Die eben gemachten Bemerkungen sind mehr oder weniger einführend. Es scheint angebracht, sich nun an das zu erinnern, was sie tatsächlich geschrieben hat, und etwas über ihre Entwicklung zu sagen. Sie begann im Jahr 1915 mit *Die Fahrt hinaus* – ein seltsamer, tragischer, inspirierter Roman über englische Touristen in einem unmöglichen südamerikanischen Hotel; ihre Leidenschaft für Wahrheit ist hier schon zu erkennen, vor allem in der Form des Atheismus, auch ihre Leidenschaft für Weisheit ist in der Form von Musik schon da. Das Buch machte auf die wenigen Menschen, die es lasen, einen tiefen Eindruck. Sein Nachfolger, *Nacht und Tag*, enttäuschte sie. Er ist eine Übung in klassischem Realismus und enthält alles, was die englische erzählende Prosa – im Guten wie im Schlechten – während der letzten zweihundert Jahre gekennzeichnet hat: Vertrauen auf menschliche Beziehungen, Zuflucht zu humorvollen Nebenhandlungen, geographische Genauigkeit, Beharren auf kleinlichen sozialen Unterschieden: eben die Kunstgriffe, die sie so unbekümmert in »Mr Bennett und Mrs Brown« verspottet. Der Stil ist den Konventionen angepaßt und langweilig. Aber gleichzeitig veröffentlichte sie zwei Kurzgeschichten, »Kew Gardens« und »Das Mal an der Wand«. Sie sind weder langweilig noch konventionell, entzückende kleine Dinger; ihr Stil folgt ihr wie eine Schleppe beim Gehen und Reden, fängt den Staub und das Gras in seinen Falten auf und an Stelle der Präzision der früheren Werke, haben wir es hier mit etwas zu tun, das schwerer zu fassen ist als irgendetwas anderes, was je zuvor in der englischen Literatur zustande gebracht wurde. Entzückende kleine Dinger, aber sie schienen nirgendwohin zu führen, sie waren Gebilde aus winzigen Pünktchen und farbigen Flecken, sie waren inspirierte Atemlosigkeit, sie waren ein wunderschönes Summen oder Keuchen, das aufs Glück vertraute. Soweit sie reichten, waren sie perfekt, aber das war nicht sehr weit, und keiner von uns vermutete, daß aus dem Blütenstaub dieser Blumen die Bäume der Zukunft erwachsen würden. Als 1922 *Jakobs Zimmer* erschien, waren wir daher ungeheuer überrascht. Der Stil und das Feingefühl von »Kew Gardens« waren geblieben, aber sie wurden nun auf menschliche Beziehungen und auf die gesellschaftliche Struktur angewandt. Die Farbflecken ziehen immer noch an einem vorüber, aber in deren Mitte steht wie ein fest verschlossenes Gefäß, das ihren Fluß unterbricht, die kräftige Gestalt eines jungen Mannes. Das Unwahrscheinliche ist passiert: eine im Grunde poetische und scheinbar oberflächliche Methode wurde auf erzählende Prosa angewandt. Über die Möglichkeiten der neuen Technik war sie sich noch nicht im klaren, und *Jakobs Zimmer* ist ein unausgeglichenes kleines Buch, aber es repräsentiert ihren großen Aufbruch und ihre Absage an das falsche Beginnen von *Nacht und Tag*. Von hier aus führt der Weg zu ihrem Genie in seiner ganzen Fülle, zu *Mrs Dalloway* (1925), *Zum Leuchtturm* (1927) und *Die Wellen* (1931). Diese erfolgreichen Werke sind alle von Poesie durchflutet und in sie eingeschlossen. *Mrs Dalloway* hat als Gerüst einen Sommertag in London; in seinem Verlauf entscheiden sich zwei Schicksale: das Schicksal der sensiblen, weltzugewandten Gastgeberin und das Schicksal des sensiblen, unbekannten Geistesgestörten; obwohl sie nie miteinander in Berührung kommen, sind sie doch eng verbunden, und wir verlieren sie beide im selben Moment aus den Augen. Es ist ein besonnenes Buch und wurde aus der persönlichen Erfahrung heraus geschrieben. In ihrem Werk wie auch im Zusammenhang mit ihren persönlichen Problemen äußerte sie sich immer besonnen und nüchtern zur Frage des Wahnsinns. Sie rundete die Kanten dieser speziellen Krankheit; sie legte sie darauf fest, eine Krankheit zu sein, und beraubte sie des bösen Zaubers, den sie durch ängstliches oder unbedachtes Denken angenommen hatte; dies ist eines der Geschenke, für die wir ihr zu danken haben. *Zum Leuchtturm* ist aber eine noch viel größere Leistung, zum Teil weil die Hauptfiguren des Romans, Mr und Mrs Ramsay, so interessant sind. Sie fesseln uns, wir stellen sie uns unabhängig von ihrer Umgebung vor, und dennoch stimmen sie mit dieser Umgebung, mit dem poetischen Gefüge, überein. *Zum Leuchtturm* hat drei Sätze. Er wurde als Roman in Sonatenform bezeichnet, und zweifellos verlangt der langsame mittlere Teil, der vom Vergehen der Zeit erzählt, nach der musikalischen Analogie. Wenn wir ihn lesen, haben wir das seltene Vergnügen, gleichzeitig zwei Welten zu bewohnen, ein Vergnügen, das einem nur die Kunst bereiten kann: die eine Welt, in der ein kleiner Junge zum Leuchtturm fahren möchte, was ihm aber nicht gelingt, bis er mit veränderten Gefühlen diese Fahrt als junger Mann unternimmt; die andere Welt, die eine Struktur aufweist, und diese Welt wird dadurch betont, daß die meisten Beobachtungen im Denken der Malerin Lily Briscoes gespiegelt werden. Darauf folgt *Die Wellen*. Hier herrscht die Struktur absolut – sie ist sogar kursiviert. Und zwischen den Bewegungen der Sonne und des Wassers, die jeden Abschnitt einleiten, erstrecken sich ohne Unterbrechung Worte in Anführungszeichen, das Gespräch. Es ist ein merkwürdiges Gespräch, denn die sechs Personen Bernhard, Neville, Louis, Susan, Jinny und Rhoda sprechen einander nur selten an, und es ist sogar möglich, sie (wie Mrs Dalloway und Septimus) als verschiedene Facetten einer einzigen Person zu sehen. Und doch führen sie keine inneren Monologe, sie stehen alle miteinander in Beziehung, und sie alle stehen in Bezug zu der einen Person, die nie spricht, Percival. Am Schluß faßt Bernard, der Möchtegern-Romancier, das Gefüge vollendet ins Gleichgewicht bringend, alles zusammen, und die Struktur verflüchtigt sich allmählich. *Die Wellen* ist eine außerordentliche Leistung, eine enorme Erweiterung der Möglichkeiten von »Kew Gardens« und *Jakobs Zimmer*. Es bewegt sich auf einem schmalen Grat. Ein klein bißchen weniger – und er würde seine Poesie einbüßen. Ein klein wenig mehr – und er würde in den Abgrund stürzen, wäre geistlos und prätentiös. Es ist ihr größtes Werk, obwohl *Zum Leuchtturm* mein Lieblingsbuch ist.

Darauf folgte *Die Jahre*. Dies ist wiederum ein Experiment in der Tradition des Realismus. Der Roman zeichnet die Geschicke einer Familie über einen bestimmten Zeitraum auf. Wie in *Nacht und Tag* wird sie der Poesie untreu, und wieder scheitert sie. Aber in ihrem nachgelassenen Roman *Zwischen den Akten* kehrt sie zu der Methode zurück, die sie verstand. Er handelt von einem dörflichen Festspiel, in dem die gesamte Geschichte Englands vorgestellt wird und in das, gegen Ende, das Publikum mithineingezogen wird, um diese Geschichte fortzusetzen. »Der Vorhang hebt sich« ist sein abschließender Satz. Die Konzeption ist poetisch, und der Text des Festspiels ist überwiegend in Versen abgefaßt. Sie liebte ihr Land – ihr Land meint »das Land«, das aus der unergründlichen Vergangenheit auftaucht. In dieser kostbaren letzten Huldigung versetzt sie uns in die Vergangenheit zurück und weist in die Zukunft, und sie zeigt uns kraft ihrer poetischen Unbestimmtheit etwas Verläßlicheres als die patriotische Geschichte und etwas, wofür zu sterben sinnvoller ist.

Inmitten all dieser erzählenden Literatur, sie nährend und von ihr genährt, entstehen andere Werke. Zwei Bände von *Der gewöhnliche Leser* zeigen die Breite ihres Wissens und die Tiefe ihrer literarischen Sympathien; wer sie für eine feine Einsiedlerin hält, soll lesen, was sie über Jack Mytton, den Fuchsjäger, sagt. Als Kritikerin konnte sie sich auf alles einlassen – alles, was der Vergangenheit angehörte, um genau zu sein; mit ihren Zeitgenossen hatte sie manchmal Probleme.

Dann gibt es da noch die Biographien, phantastische und wirkliche

Lebensläufe. *Orlando* ist, ich brauche es wohl kaum zu sagen, ein originelles Buch, und sein erster Teil ist glänzend geschrieben: die Schilderung der Großen Kälte wird in der englischen Literaturgeschichte bereits als klassisch bezeichnet, was immer das heißen mag. Nach dem Geschlechtswechsel laufen die Dinge nicht mehr so gut; die Autorin scheint von ihrem eigenen Zauber nicht überzeugt und irgendwie von ihm ermüdet zu sein, und sie beendet die Biographie eher kompetent als brillant; es ist ein phantastischer Einfall von zu großem Ausmaß gewesen, und man merkt, wie sie sich allmählich zu langweilen beginnt. Aber *Flush* ist ein voller Erfolg und genau das, was es sich zu sein vorgenommen hatte: der Stoff, die Methode, die Länge – alles bildet eine perfekte Harmonie; es ist hündlich, ohne albern zu sein, und es verschafft uns aus Teppich- oder Sofafußhöhe einen Blick auf große literarische Persönlichkeiten und eine neue Sicht ihrer Gewohnheiten. Die Biographie über Roger Fry – eigentlich sollte man nicht so unvermittelt von einem Spaniel zu einem Slade-Professor übergehen, aber Fry hätte es nichts ausgemacht, und Spaniels macht gar nichts etwas aus – enthüllt eine neue Seite ihrer Fähigkeiten, die Fähigkeit, sich selbst zurückzunehmen. Sie folgt passioniert einer bestimmten Struktur, aber sie drängt sich selbst nie auf oder läßt den Stil die Oberhand gewinnen; Respekt vor ihrem Gegenstand beherrscht ihr Schreiben und nur gelegentlich – wie bei ihrer Schilderung des himmlisch geordneten Chaos im Atelier Roger Frys mit seinem Stilleben aus Äpfeln und Eiern, das ein Schild »bitte nicht berühren« trug – läßt sie ihrer Phantasie freien Lauf. Biographien werden zu häufig »Liebesdienste« genannt, aber *Roger Fry* gehört wirklich in diese Kategorie; ein Künstler schreibt mit Zuneigung über einen anderen, damit man sich an ihn erinnere und ihm gerecht werde.

Schließlich gibt es noch die feministischen Bücher – *Ein Zimmer für sich allein* und *Drei Guineen* – und mehrere kurze Essays etc., einige darunter von Bedeutung. Als Romanautorin wird sie beurteilt werden. Aber ihr übriges Werk muß in Erinnerung bleiben, zum Teil wegen seines Wertes, zum Teil (William Plomer hat darauf hingewiesen), weil sich hier manchmal mehr von der Romanautorin zeigt als in ihren Romanen.

Nach diesem Überblick können wir ihr Problem benennen. Wie die meisten lesenswerten Romanautoren weicht sie von der erzählerischen Norm ab. Sie träumt, entwirft, scherzt, beschwört, beobachtet Details, aber sie erzählt keine Geschichte, spinnt kein Handlungsgewebe, und – kann sie Charaktere erschaffen? Das ist das Zentrum ihres Problems. Dies ist der Punkt, wo sie sich selbst für Kritik offen zeigte – zum Beispiel für die Einwände ihres Freundes Hugh Walpole. Handlung und Geschichte konnten zugunsten eines anderen einheitlichen Prinzips vernachlässigt werden, aber wenn jemand über Menschen schreibt, möchte man, daß sie lebendig erscheinen. Konnte sie ihren Figuren Leben einhauchen?

Nun scheint es zwei Arten von Leben in der Romankunst zu geben, Leben auf dem Papier und ewiges Leben. Leben auf dem Papier konnte sie geben; ihre Figuren erscheinen nie unwirklich, wie flüchtig oder erfunden ihre Züge auch sind, und man kann sich darauf verlassen, daß sie sich angemessen verhalten. Ewiges Leben konnte sie selten geben; sie konnte selten eine Figur so porträtieren, daß man sich später ganz unabhängig an sie erinnerte, wie man sich zum Beispiel an Emma erinnert oder Dorothea Casaubon oder Sophia und Constanze in *The Old Wives' Tale* (*Die Altweibergeschichte*). Was für Gespenster sind, aus ihrem Zusammenhang gerissen, das ätherische Sextett aus *Die Wellen* oder Jakob unabhängig von *Jakobs Zimmer*! Sie sprechen nur so lange zu uns oder miteinander, bis die Seite umgeblättert wird. Und dies ist ihre große Schwierigkeit. Indem sie mit der einen Hand an der Poesie festhält, muß sie sich immer mehr strecken, um die Dinge zu ergreifen, die man am ehesten gewinnt, wenn man die Poesie fahrenläßt. Sie wollte nicht loslassen, und ich glaube, daß sie recht hatte, obwohl die Kritiker widersprechen werden, die von einem Roman verlangen, ein Roman zu sein. Sie hatte recht, an ihrer besonderen Begabung festzuhalten, selbst wenn dies zur Folge hatte, etwas anderes zu opfern, das für ihre Kunst lebenswichtig war. Und manchmal mußte sie auch keine Opfer bringen; Mr und Mrs Ramsay bleiben auch so später beim Leser, ebenso wie vielleicht Rachel aus *Die Fahrt hinaus* und Clarissa Dalloway. Was die anderen angeht, so kann man unmöglich behaupten, daß es sich hier um eine Porträtgalerie Unsterblicher handelt. Gesellschaftlich beschränkt sie sich auf die Freiberufler der oberen Mittelschicht, und sie verwendet noch nicht einmal viele verschiedene Typen. Es gibt den düsteren ehrlichen Intellektuellen (St. John Hirst, Charles Tansley, Louis William Dodge), den monumentalen majestätischen Helden (Jakob, Percival), die pompöse, amouröse Stütze der Gesellschaft (Richard Dalloway bei seinem Auftritt in *Die Fahrt hinaus,* Hugh Whitbread), den Gelehrten, der sich nur etwas aus jungen Männern macht (Bonamy, Neville), den pingeligen Einzelgänger (Mr Pepper, Mr Banks); selbst die Ramsays werden zuerst als das Ehepaar Ambrose ausprobiert. Sobald wir die Natur ihres Rüstzeugs begreifen, werden wir verstehen, daß sie – was Menschen betrifft – es so gut machte, wie sie konnte. Der Welt der Poesie angehörend, aber von einer anderen Welt fasziniert, ist sie immer dabei, von ihrem Zauberbaum die Hand auszustrecken und nach Fetzen aus dem Fluß des täglichen Lebens zu greifen, so wie sie gerade vorbeiziehen, und aus diesen Fetzen setzt sie Romane zusammen. Hineinspringen wollte sie nicht. Und sie hätte auch nicht hineinspringen dürfen. Sie hätte kauernd in ihrem Baum bleiben dürfen und kleine Lieder wie »Blau-Grün« in dem Band *Montag oder Dienstag* singen können, zum Glück für die englische Literatur aber tat sie auch dies nicht.

Das also ist ihr Problem. Sie ist eine Dichterin, die etwas schreiben möchte, was einem Roman so nahe wie möglich kommt.

Ich muß fortfahren und noch kurz – es sollte eigentlich lang sein – über ihre Interessen sprechen. Ich habe hervorgehoben, wie gerne sie schrieb, ernsthaft und einfach aus Spaß, und habe zu zeigen versucht, wie sie schrieb: wie sie ihr Material sammelte und es verarbeitete, ohne seine Frische zu beeinträchtigen, wie sie es zu neuen Einheiten ordnete, wie sie als Dichterin versuchte, Romane zu schreiben, wie diese Romane Merkmale ihrer seltsamen Genese an sich tragen, manche würden sogar von Narben sprechen. Was mich jetzt beschäftigt, ist das Material selbst, ihre Interessen, ihre Ansichten. Und um nicht vage zu werden, will ich mit dem Essen beginnen.

Wenn man sie liest, ist es immer hilfreich, nach den Passagen Ausschau zu halten, in denen Mahlzeiten beschrieben werden. Sie sind gleichbleibend gut. Sie erinnern einen nachhaltig daran, daß hier eine Frau schreibt, deren Sinne hellwach sind. Sie hatte eine erleuchtete Gier, um die sie selbst Männer beneidet hätten und die wenige männliche Autoren zum Ausdruck gebracht haben. Es ist ein bißchen zuviel Lampenöl in Charles Merediths Wein, ein bißchen zuviel Papierknistern auf Charles Lambs Schweinefleisch und nicht die geringste Würze in Henry James' Speisen, aber wenn Virginia Woolf leckere Dinge erwähnt, haben wir deren Geschmack sofort auf der Zunge, jedenfalls soweit die Eßbarkeit von Gedrucktem es erlaubt. Wir schmecken deren Köstlichkeit: das großartige Gericht »Bœuf en Daube«, das den Höhepunkt des alle vereinenden abendlichen Mahls in *Zum Leuchtturm* bildet, das Essen, mit dem alles in diesem Teil des Buches zusammenhängt, das Essen, das Zuneigung und Dichtung und Lieblichkeit ausströmt, so daß alle Figuren schließlich und für die Dauer eines Moments das Beste aneinander erkennen und eine von ihnen, Lily Briscoe, eine Erinnerung an die Wirklichkeit mit sich fortträgt. Solch ein Essen kann nicht auf einer unter dem Topfdeckel verborgenen Behauptung aufgebaut werden, den zu entfernen der Romanautor entweder zu gleichgültig oder zu unfähig ist. Wirkliches Essen ist notwendig, für das sie, sowohl in der Literatur als auch zu Hause, zu sorgen wußte. Das »Bœuf en Daube«, für dessen Zubereitung die Köchin drei Tage gebraucht und das Mrs Ramsay Sorgen bereitet hatte, während sie sich frisierte, steht vor uns: ein »Durcheinander von würzigen braunen und gelben Fleischstücken und den Lorbeerblättern und dem Wein«; wir blicken neugierig an den schimmernden Wänden der riesigen Schüssel hinunter und erhalten einen der besten Brocken, und wie William Banks, der sonst so schwer zufriedenzustellen ist, sind wir befriedigt. Essen war für sie kein literarischer Kunstgriff, um dem Buch mehr Wirklichkeit zu verleihen. Sie bezog es mit ein, weil sie es schmeckte, weil sie Bilder sah, weil sie Blumen roch, weil sie Bach hörte, weil ihre Sinne zugleich fein und umfassend waren und ihr immerfort Nachrichten aus erster Hand über die Außenwelt darbrachten. Was wir ihr verdanken, ist zum einen dies: In einem Zeitalter, das Brutalität praktiziert und Ideale im Munde führt, erinnert sie uns an die Bedeutung der Empfindungen. Diese hätte ich auch offensichtlicher illustrieren können, indem ich die entzückende Passage über den Blumenladen in *Mrs Dalloway* zitiert hätte, oder den Abschnitt, in dem Rachel in der Schiffskabine

Klavier spielt. Blumen und Musik sind konventionelles literarisches Beiwerk. Ein guter Schmaus ist das nicht; und deshalb habe ich es bevorzugt und ausgewählt, um ihre Reaktionen darzustellen. Lassen Sie mich hinzufügen, daß sie raucht, und dann kann das »Bœuf en Daube« abgetragen werden. Es wird nie mehr in unserem Leben zurückkehren. Es ist nicht für uns. Aber die Fähigkeit, es zu schätzen, bleibt uns, sowie die Fähigkeit, jeglicher Feinheit zu huldigen.

Nach den Sinnen – der Intellekt. Sie achtete Wissen, sie glaubte an Weisheit. Obwohl man sie nicht als Optimistin bezeichnen könnte, war sie sehr tief davon überzeugt, daß der Geist gegen die Materie kämpft und immer wieder im leeren Raum Fuß fassen kann. Sie nahm nicht an, daß irgend etwas von ihr oder von ihrer Generation erreicht werden könnte, aber das edle Geblüt, dem sie entsprang, ermutigte sie, zu hoffen. (...)

Sie gehörte einer Zeit an, die streng zwischen der Vergänglichkeit des Menschen und der Haltbarkeit seiner Denkmäler unterschied und für die die Kuppel des Lesesaals des Britischen Museums etwas beinahe Ewiges war. Daß es Verfall gab, gestand sie zu: die zarten grauen Kirchen des Strand würden nicht ewig stehen; aber wie wir alle nahm sie an, daß der Verfall allmählich erfolgen würde. Die jüngere Generation – die Auden-Isherwood-Generation, wie man sie einfachheitshalber nennen könnte – sah hier klarer, als sie es konnte, und so wurde sie der Vision dieser Generation nicht ganz gerecht, so wie sie auch deren methodischen Experimenten nicht gerecht wurde – sie, die in ihrer Zeit soviel experimentiert hatte. Doch seiner eigenen Zeit anzuhängen, ist ein häufiges Versagen, und sie machte das beste aus dem ihrigen. Sie respektierte und erwarb Wissen, sie glaubte an Weisheit. Intellektuell kann niemand mehr leisten; und da sie eine Dichterin war, nicht Philosophin oder Historikerin oder Prophetin, mußte sie nicht darüber nachdenken, ob Weisheit sich durchsetzen würde und ob das Quadrat über dem Rechteck, das Rhoda aus Mozarts Musik konstruierte, je fest auf dieser ruhelosen Erde stehen könnte. Das Quadrat über dem Rechteck. Ordnung. Gerechtigkeit. Wahrheit. Diese Abstraktionen waren ihr teuer, und sie versuchte, sie durch Symbole auszudrücken, wie es ein Künstler tun muß, obwohl sie sich der Unzulänglichkeit von Symbolen bewußt war. (...)

Das nächste ihrer Interessen, das berücksichtigt werden muß, ist die Gesellschaft. Sie war nicht auf Empfindungen und Intellektualismus beschränkt. Sie war ein soziales Geschöpf, mit einer zugleich warmherzigen und scharfsichtigen Art, die Dinge zu betrachten. Aber es war eine eigentümliche Betrachtungsweise, und wir bekommen sie am ehesten zu fassen, indem wir uns einer sehr eigentümlichen Seite von ihr zuwenden: ihrem Feminismus.

Der Feminismus inspirierte eines ihrer brillantesten Bücher – das bezaubernde und überzeugende *Ein Zimmer für sich allein;* es enthält das Mittagessen in Oxbridge und das abendliche Mahl von Fernham, ebenso das unsterbliche Zusammentreffen mit dem Pedell, als sie versuchte, den Collegerasen zu betreten, und schließlich die bewegende Wiedererschaffung von Shakespeares Schwester, die, Shakespeare ebenbürtig an Genie, doch unterging, da sie weder Stellung noch Geld besaß, und dies ist über Jahrhunderte das Schicksal der Frauen gewesen. Der Feminismus ist aber auch verantwortlich für ihr schlechtestes Buch – das mürrische *Drei Guineen* – und für die weniger erfolgreichen Teile von *Orlando.* Spuren von diesem Feminismus gibt es überall in ihrem Werk, und er war ihr ständig im Sinn. Sie war überzeugt, daß die Gesellschaft von Männern gemacht sei, daß Männer hauptsächlich damit beschäftigt seien, Blut zu vergießen, Geld zu verdienen, Befehle zu erteilen und Uniformen zu tragen, und daß keine dieser Tätigkeiten Bewunderung verdiente. Frauen machen sich aus Spaß oder um der Schönheit willen zurecht, Männer aus Wichtigtuerei, und sie hatte kein Erbarmen mit dem Richter und seiner Perücke, mit dem General und seinen baumelnden Orden, mit dem Bischof in seiner Robe oder selbst dem harmlosen Don in seinem Talar. Sie spürte, daß all diese Vermummten etwas vermittelten, wovon die Frauen stets ausgeschlossen waren und was sie in jedem Fall mißbilligte. Sie lehnte es ab mitzuspielen, theoretisch, aber manchmal auch praktisch. Sie weigerte sich, in Komitees zu sitzen oder Aufrufe zu unterzeichnen, mit der Begründung, daß Frauen den von Männern verursachten, tragischen Schlamassel weder hinnehmen, noch die Krumen von Macht annehmen dürften, die die Männer bisweilen von ihrem abscheulichen Gelage für sie fallen ließen. Wie Lysistrata zog sie sich zurück.

Nach meinem Urteil ist etwas Altmodisches an diesem extremen Feminismus; er rührt her aus ihrer Suffragettenjugend in den Jahren nach 1910, als Männer Mädchen küßten, um sie von ihrer Forderung des Wahlrechts abzulenken, und natürlich ihren Zorn hervorriefen. In den dreißiger Jahren hatte sie viel weniger Grund zur Klage, und sie scheint hier aus Gewohnheit weiter zu murren. Sie beklagte sich, aus gutem Grund, daß die Frauen, obwohl sie die Zulassung zu den freien Berufen und den Gewerben erreicht hatten, auf eine Verschwörung der Männer trafen, wann immer sie an die Spitze vorstoßen wollten. Aber sie würdigte nicht ausreichend, daß diese Verschwörung Jahr für Jahr schwächer wird und daß Frauen in Kürze ebensoviel Macht haben werden wie die Männer, was immer dabei herauskommen mag. Was die Vergangenheit anging, war sie verständig – was die Gegenwart betraf, manchmal unvernünftig. Ich spreche hier jedoch als Mann, zudem als älterer Mann. Ihren Feminismus aber werden am besten nicht ältere Männer oder ältere Frauen beurteilen können, sondern junge Frauen. Wenn sie, wenn die Studentinnen in Fernham denken, daß er tatsächliche Mißstände zum Ausdruck bringt, so haben sie recht.

Sie selbst fühlte sich nicht nur als Frau, sondern als Dame, und dies gab ihrer sozialen Sichtweise noch einmal eine Wendung. Sie machte keinen Hehl daraus. Sie war eine Dame von Geburt und durch Erziehung, und es war sinnlos, hier feige zu sein und so zu tun, als habe ihre Mutter an der Mangel gestanden oder als sei Sir Leslie der Geselle eines Gipsers gewesen. Schriftsteller, die aus der Arbeiterklasse stammten, erwähnten häufig ihre Herkunft und wurden dafür respektiert. Nun gut; sie würde dann auch die ihrige erwähnen. Und ihr Snobismus – denn sie war ein Snob – enthielt mehr Mut als Arroganz. Er ist mit ihrer unerschöpflichen Ehrlichkeit verbunden und ist nicht, wie der Snobismus Clarissa Dalloways, fade und herausgeputzt und jederzeit bereit, gedankenlos in den schönsten Sessel zu versinken. Er ist eher wie der Snobismus Kittys, als sie zu den Robsons zum Tee geht; er ragt wie eine Zielscheibe hervor, auf die jeder, der will, feuern kann. In der Einleitung zu *Life as We Have Known It* (einer Sammlung der Lebensläufe von Arbeiterfrauen, herausgegeben von Margarete Llewelyn Davies) stellt sie sich der Auseinandersetzung. »Man konnte nicht Mrs Giles aus Durham sein, weil man selbst nie am Waschtrog gestanden hat; weil die eigenen Hände nie ausgewrungen haben, weil sie nie geschrubbt und nie das Fleisch gehackt haben – welches Fleisch auch immer fürs Abendessen eines Bergarbeiters genommen wird.« Das ist nicht entwaffnend, soll es auch nicht sein. Wenn man ihr sagte, daß sie doch schließlich herausfinden könnte, was für Fleisch ein Bergarbeiter zum Abendessen bekommt, wenn sie sich ein wenig darum bemühte, so würde sie antworten, daß sie es trotzdem nicht hacken könne, und daß man nicht dadurch, daß man Dinge wisse, sondern dadurch, daß man sie tue, Zugang finde zu dem Leben der Menschen, die die Dinge tun. Und daß sie nicht vorhabe, Fleisch zu hacken. Sie würde es schlecht machen und ihre Zeit damit verschwenden. Sie würde weder wringen noch schrubben, solange es das Schreiben sei, was sie gern tue und gut könne. Auf Gemurmel wie »Sie glückliche Dame, Sie!« antwortete sie: »Ja, ich bin eine Dame« und schrieb weiter. »Damen wird's bald nich' mehr geben. Verstehn'se?« Sie verstand. Sie verstand es ohne Bitterkeit oder Überraschung oder Angst und schrieb nur um so schneller. Denn sollten diese besonderen Geschöpfe aussterben – und es sah ganz danach aus –, so war es wichtig, daß die letzte von ihnen ihre Eindrücke von der Welt zu Papier brachte und in einem Buch zusammenfaßte. Wenn sie es nicht tat, würde es keine tun. Mrs Giles aus Durham würde es nicht tun. Mrs Giles aus Durham würde anders schreiben, vielleicht besser, aber *Die Wellen* konnte sie ebensowenig hervorbringen wie eine Lebensbeschreibung von Roger Fry.

Hier zeigt sich eine bewunderswerte Härte, soweit Härte bewundernswert sein kann. Es gibt wenig Anteilnahme, und ich glaube nicht, daß sie teilnahmsvoll war. Sie konnte gegenüber Einzelnen reizend sein, ob aus der Arbeiterklasse oder sonst irgendeiner Schicht, aber es war ihre Neugier und ihre Ehrlichkeit, die sie dazu antrieben. Und wir müssen uns daran erinnern, daß Anteilnehmen für sie einen gewaltigen und anstrengenden Prozeß bedeutete, auf den man sich nicht so nebenbei einlassen konnte. Sie bestand nicht aus der halben Krone, aus einem freundlichen Wort, einer guten Tat, einer philanthropischen Predigt oder einer gottähnlichen Geste; Anteilnehmen hieß, den Kummer eines Anderen seinem eigenen hinzuzufügen. Halb spielerisch, aber ganz ernst, schrieb sie:

»Anteilnehmen können wir jedoch nicht. Die so weise Schicksalsgöttin sagt nein. Wenn ihre Kinder, kummergebeugt wie sie bereits sind, auch diese Last noch tragen und in ihrer Vorstellung Anderer Leid ihrem eigenen hinzufügen müßten, so würden Gebäude nicht länger errichtet und Straßen in grasbewachsene Pfade auslaufen; das wäre das Ende von Musik und Malerei, und nur ein großer Seufzer würde zum Himmel aufsteigen, und Männern wie Frauen blieben einzig Schrecken und Verzweiflung.«

Hier liegt vielleicht die Ursache dafür, daß sie sich über Mrs Giles aus Durham nicht wärmer und menschlicher äußern kann.

Diese Distanz zur Arbeiterklasse und zur Labour Party verstärkt die Distanz, die durch ihren Feminismus verursacht war, und infolgedessen war ihre Haltung der Gesellschaft gegenüber reserviert und steif. Sie war fasziniert, sie war furchtlos, aber sie verabscheute Kumpelhaftigkeit, und sie machte keine Zugeständnisse gegenüber der Presse und der »Laßt uns alle Freunde sein«-Manier. Gegenüber der Menge – soweit ein solches Wesen existiert – war sie sehr vergnügt, aber sie verteilte keine Blumensträuße an die Mittelsmänner, die für sich beanspruchten, die Menge zu interpretieren, und die dafür bezahlt wurden, dies in der Tagespresse oder im Radio zu tun. Diese Mittelsmänner sind im Grunde nur eine ganz kleine Clique – zwar größer als Bloomsbury, das sie so unermüdlich anprangern, aber doch nur ein winziger Tropfen in dem Meer der Menschheit. Und weil sie ein Tropfen waren, dessen Bedeutung seiner Größe entsprach, sah sie keinen Grund, sie versöhnlich zu stimmen. (...)

Wie alle ihre Freunde vermisse ich sie sehr – ich kannte sie von dem Moment an, da sie zu schreiben begann. Aber das ist eine persönliche Sache, und ich bin sicher, dies ist ein Fall, der Jammern verbietet oder etwas im Ton eines Nachrufs. Virginia Woolf bewältigte ein enormes Maß an Arbeit, sie gab uns neue Arten scharf empfundenen Vergnügens, sie trug das Licht der englischen Sprache etwas tiefer ins Dunkle. Dies sind Tatsachen. Ein vulgärer oder ein kläglicher Geist kann das Epitaph auf eine solche Künstlerin nicht verfassen. Sie werden es versuchen, sie haben es tatsächlich bereits versucht, aber ihre Worte ergeben keinen Sinn. Es ist klüger, es ist sicherer, ihre Karriere als Triumph zu betrachten. Sie triumphierte über das, was man etwas prüde »Schwierigkeiten« nennen könnte, und sie triumphierte auch im positiven Sinn: sie brachte die Siegesbeute heim. Und manchmal kommt es mir so vor, als sähe ich ihr Werk wie eine Reihe kleiner silberner Trophäen glänzen. »Diese Trophäen«, lautet die Inschrift, »hat der Geist der Materie abgewonnen, seinem Feind und seinem Freund.«

(1941)

Leonhard und Virginia Woolf 1912, kurz vor ihrer Hochzeit vor George Duckworth' Landhaus Dalingridge Place in Sussex.

Virginia und Clive Bell, 1911.

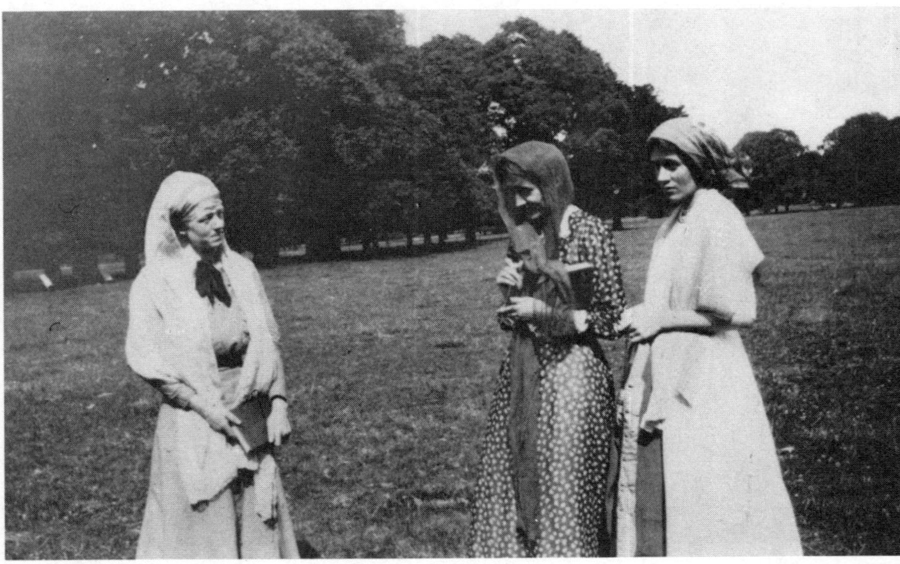

Janet Case, die Virginia griechisch beibrachte und lebenslang mit ihr befreundet blieb, mit Virginia und Vanessa im Firle Park, ca. 1911.

Virginia mit Adrian und Karin Stephen.

Vanessa mit ihren Söhnen,
Julian und Quentin, und Roger Fry.

Virginia mit Lytton Strachey
im Garten von Ottoline Morrells Haus
in Garsington.

»Der Tanz« – Lydia Keynes
mit Duncan Grant.

Angelica Bell, Clive, Virginia, und Maynard Keynes vor dem Gartenhaus von Monks House – dem Zimmer, wo Virginia oft schrieb.

Virginia beim Boule-Spielen mit Angelica, Quentin und einer Freundin.

Virginia mit James und Alix Strachey.

Virginia im Garten
von Monks House, 1926.

Monks House, vom Garten aus gesehen.

E. M. Forster und T. S. Eliot in einer Ecke der Küche von Monks House.

Vita Sackville-West und Leonard im Garten von Monks House, 1933.

»Virginia« – ein Aquarell, das Vanessa 1935 Leonard zu Weihnachten schenkte. Jetzt in Monks House.

IV Erinnerungen an Virginia Woolf

Louie Mayer*

Etwas fand ich an meinem ersten Tag sehr merkwürdig: Die Fußböden in Monks House waren sehr dünn, das Badezimmer lag direkt über der Küche, und wenn Frau Woolf vor dem Frühstück badete, konnte ich hören, wie sie mit sich selbst sprach. Sie redete und redete, stellte Fragen und gab selbst die Antworten. Ich glaubte, dort oben seien zwei oder drei Personen bei ihr. Als Herr Woolf meine Verblüffung bemerkte, erzählte er mir, daß Frau Woolf immer die Sätze laut ausspreche, die sie während der Nacht geschrieben habe. Sie wolle wissen, ob sie richtig klängen, und das Badezimmer sei ein guter Ort, um sie auszuprobieren, ein Raum, der einen vollen Klang erzeuge. Er war so daran gewöhnt, sie zu hören, wie sie mit sich in dieser Weise sprach, daß er es gar nicht mehr wahrnahm. Ich gewöhnte mich auch daran, aber zunächst irritierte es mich morgens doch jedesmal.

Mir war nicht erlaubt, in Monks House den Kaffee zu kochen – Herr und Frau Woolf hatten über die Zubereitung von Kaffee ihre ganz besonderen Vorstellungen und machten ihn immer selbst. Deshalb kam Herr Woolf jeden Morgen um acht in die Küche, um ihn zu kochen. Wenn wir die Frühstückstabletts in das Zimmer von Frau Woolf trugen, fiel mir auf, daß sie immer in der Nacht gearbeitet hatte. Papier und Bleistifte lagen neben ihrem Bett, so daß sie arbeiten konnte, wenn sie aufwachte. Manchmal schien sie nur sehr wenig Schlaf zu bekommen. Diese einzelnen Blätter, von denen einige mit demselben, immer wieder geschriebenen Satz bedeckt waren, lagen

* Louie Mayer war über viele Jahre hinweg die Köchin des Ehepaars Woolf in Monks House.

haufenweise im Zimmer verstreut. Sie bedeckten Stühle und Tische, manchmal sogar den Boden. Es war eine von Frau Woolfs Gewohnheiten, beim Arbeiten das Geschriebene in kleinen Papierhaufen herumliegen zu lassen. Ich fand sie im ganzen Haus: auf den Tischen und Kaminsimsen des Wohn- und Eßzimmers.

Frau Woolfs Schlafzimmer lag immer außerhalb des Hauses, im Garten. Ich mußte immer daran denken, wie unangenehm es war, bei Regen hinaus zu müssen, um ins Bett zu gehen. Sie hatte auch ein Arbeitszimmer im Garten, in der Nähe ihres Zimmers, weil es dort ruhig war und sie ungestört arbeiten konnte. Ihr Schlafzimmer war an die Rückseite des Hauses angebaut worden; die Tür ging auf den Obstgarten hinaus, und das Fenster an der Seite des Zimmers gab den Blick auf ein großes Feld frei. Ich erinnere mich, daß eines Nachts eine Kuh kam und ihren Kopf durchs Fenster steckte. Es amüsierte Frau Woolf sehr, aber damit dies nicht noch einmal passierte, kaufte Herr Woolf das Feld und erweiterte mit einem Teil davon den Garten. Weil ihr Arbeitszimmer klein war, ließ er ihr dann am Ende des Gartens, gegenüber der Kirche, ein neues bauen. Als es fertig war, hatte Frau Woolf einen wundervollen Blick, nach Osten, über die Wiesen zum Mount Caburn, und hier also saß sie jeden Tag und arbeitete.

Ich sehe sie immer noch, wie sie jeden Tag von ihrem Arbeitszimmer zum Haus kam: wenn ich um eins zum Lunch gongte, dann ging sie immer durch den Obstgarten und rauchte eine ihrer Lieblingszigaretten in einer langen Zigarettenspitze. Sie war groß und dünn und sehr elegant. Sie hatte große, tiefliegende Augen und einen großen geschwungenen Mund – ich glaube, daß es vielleicht diese Züge waren, die ihr Gesicht so ganz besonders schön erscheinen ließen. Sie trug lange, modische Röcke – gewöhnlich aus blauem oder braunem Kordsamt – und Seidenjacken in derselben Farbe. Ich erinnere mich auch daran, daß in der Jackentasche immer ein großes seidenes Taschentuch steckte.

Ihre Zigaretten waren aus einem besonderen Tabak gemacht, »My Mixture« genannt. Herr Woolf kaufte ihn für sie in London, und am Abend saßen sie oft am Kamin und rollten sich ihre Zigaretten. Es war ein milder, süß riechender Tabak, und nie hätte sie andere Zigaretten geraucht, nur manchmal ein langes dünnes Zigarillo, das ihr sehr gut schmeckte.

Frau Woolf trug Kleider, die ihr gut standen, besonders aber wenn sie eingeladen war. Ich bügelte sie ihr und erledigte auch alle anfallenden Näharbeiten – sie konnte nicht nähen, obwohl sie es manchmal gerne versuchte. Sie probierte auch gern zu kochen, aber mir kam es immer so vor, als wollte sie keine Zeit fürs Kochen verlieren und lieber in ihrem Zimmer bleiben und arbeiten.

Aber in einer Sache war Frau Woolf in der Küche wirklich gut: sie konnte wundervolles Brot backen. Ihre erste Frage an mich, als ich nach Monks House kam, war, ob ich wüßte, wie man Brot backe. Ich antwortete, daß ich für meine Familie schon welches gebacken hätte, daß ich darin aber keine Expertin sei. »Ich werde in die Küche kommen, Louie«, sagte sie, »und Ihnen zeigen, wie es geht. Wir haben unser Brot immer selbst gemacht.« Ich war überrascht, wie kompliziert der Vorgang war und wie sorgfältig Frau Woolf ihn ausführte. Sie zeigte mir, wie man den Teig in der richtigen Mischung aus Hefe und Mehl herstellte und wie er dann geknetet werden mußte. Sie kam drei oder viermal während des Vormittags wieder, um ihn zu kneten. Schließlich gab sie dem Teig die Form eines Landbrotes und buk ihn bei genau der richtigen Temperatur. Ich würde nicht sagen, daß Frau Woolf eine praktisch veranlagte Frau war – zum Beispiel konnte sie weder Auto fahren noch nähen oder stricken –, aber dies war eine Tätigkeit, die praktisches Geschick erforderte und die ihr jedesmal gut gelang. Ich brauchte viele Wochen, um genauso gut Brot backen zu können wie Frau Woolf. Ich übte furchtbar lange, bis ich sie schließlich, glaube ich, darin schlug. (...)

Manchmal war Frau Woolf, während sie an einem Buch arbeitete, recht krank und hatte heftige Kopfschmerzen. Herr Woolf mußte dann darauf achten, daß sie nicht zuviel Freunde besuchten. Oder er mußte denen, die dennoch gekommen waren, sagen, daß sie mit ihnen nur kurz sprechen könne. Dies tat er nicht gern, aber er wußte, wenn sie nicht genügend Ruhe hätte, würde sie sehr krank werden. Ihre Verwandten, die in der Nähe lebten, kamen natürlich die ganze Zeit zu ihr – besonders ihre Schwester Vanessa und ihre Nichte

Angelica. Frau Woolf freute sich immer, wenn sie sie sah. Aber außer ihren Verwandten kam von denen, die in der Gegend wohnten, kaum jemand zu Besuch. Wenn es Frau Woolf gut ging, wurden besonders enge Freunde, von denen die meisten in London lebten, nach Monks House eingeladen.

Von ihren Freunden erinnere ich mich besonders an Kingsley Martin. Er war oft in Monks House zu Gast und sprach sehr viel mit Herrn Woolf über Politik. Frau Nicolson [Vita Sackville-West] kam häufig von Sissinghurst herüber, um übers Wochenende zu bleiben. Ich hatte sie sehr gern. Sie war groß und schön, hatte ein ziemlich rosiges Gesicht. Frau Woolf freute sich immer ganz besonders, wenn sie sie besuchen kam. Ich kann mich auch gut an Herrn Tom Eliot erinnern. Er war ein so freundlicher Herr, ruhig und zurückhaltend, aber viel Zeit verbrachte er im Gespräch mit Frau Woolf, und manchmal neckte sie ihn und brachte ihn zum Lachen. Wenn er übers Wochenende zu Besuch war, eilte ich am Sonntagmorgen immer von meinem Haus hinüber, um ihm das Frühstück zu machen, dann klopfte ich an seine Tür, um ihm zu sagen, daß es fertig war, konnte aber gewöhnlich nur feststellen, daß sein Zimmer leer und er zur Kirche gegangen war. Herr und Frau Woolf gingen nie zur Kirche, und daher fiel es schwer, daran zu denken, daß er jeden Sonntag ging. (. . .)

Frau Woolf war immer hocherfreut, wenn sie ein Buch zu Ende geschrieben hatte, aber in den Wochen, die der Vollendung folgten, war Herr Woolf in Sorge. Er wußte, daß sie in irgendeiner nervösen Weise auf die langen Stunden angestrengten Arbeitens reagieren und wieder krank werden könnte. Wenn ihre schlimmen Kopfschmerzen wieder einsetzten und sie sehr erschöpft aussah, wies er alle Besucher ab und bestand darauf, daß sie vollständig in Ruhe gelassen wurde. Ich merkte diesen Gesundheitszustand Frau Woolfs daran, daß sie in die Küche kam, sich setzte und überlegte, was sie mir hatte sagen wollen. Dann ging sie in den Garten und in ihm sehr langsam umher, als ob sie versuchte, sich daran zu erinnern. Ich habe gesehen, wie sie dabei gegen Bäume lief und nicht wirklich wahrnahm, was sie gerade tat. Manchmal sah sie auch so erschöpft aus, wenn sie von London aus nach Hause gefahren waren. Ich glaube, das passierte immer im

Winter, wenn es sehr kalt war. Zu jeder Zeit haßte sie es zu frieren: es schien sie in einer seltsamen Weise zu verletzen, ihr fast sogar Angst zu machen. Sie saßen dann immer am Kamin und tranken Kaffee, bis ihr wieder warm war und sie sich besser fühlte.

Besonders erinnere ich mich daran, wie Frau Woolf eines Nachmittags zu meinem Cottage kam. Ich war überrascht zu sehen, wie sie die Straße hinunter eilte, weil sie selten zu mir kam, und so dachte ich, sie müsse mir etwas Besonderes zu sagen haben. Nachdem sie sich gesetzt hatte, sagte sie: »Louie, ich habe mein Buch vollendet.« Da wußte ich, warum sie gekommen war. Lange Zeit hatte sie an ihrem Roman *Die Jahre* gearbeitet und war mehrmals krank gewesen, während sie versucht hatte, ihn fertigzuschreiben. Sie war über die Fertigstellung so glücklich, daß sie hatte kommen müssen, um es jemandem zu erzählen. Dann sagte sie: »Nun werden wir etwas Geld ausgeben und lassen die Küche streichen und eine Menge neuer Dinge für Sie einrichten.« Sie war so aufgeregt, daß wir den restlichen Nachmittag damit verbrachten, die neue Küche zu planen.

Trotz der Erschöpfung, mit der Frau Woolf zu kämpfen hatte, während sie schrieb, dachte ich immer, daß sie körperlich ziemlich stark war. Selbst nach schwerer Krankheit – wie zum Beispiel während der letzten Monate ihrer Arbeit an *Die Jahre* – gelang es ihr, sich mit Hilfe intensiver Ruhepausen wieder zu erholen. Kranksein machte sie ungeduldig, und ich glaube, daß sie mit ihrem Vorsatz, so schnell wie möglich wieder gesund zu werden, großen Mut bewies.

Aber am Anfang des Jahres 1941, nachdem sie ihren letzten Roman vollendet hatte, wurde Frau Woolf wieder einmal krank. Dieses Mal schien es ihr nicht so leicht zu fallen, wieder gesund zu werden. Herr Woolf war ihretwegen so in Sorge, daß er sie dazu überredete, einen Spezialisten in Brighton aufzusuchen. Das hatte sie, soviel ich wußte, noch nie zuvor getan. Mit Hilfe des Spezialisten und durch die Bemühungen von Herrn Woolf, der darauf achtete, daß sie so viel Ruhe wie irgendmöglich bekam, begann es ihr wieder etwas besser zu gehen. Eines Morgens, als ich das Arbeitszimmer von Herrn Woolf saubermachte, kamen sie beide ins Zimmer und Herr Woolf sagte: »Louie, würden Sie bitte Frau Woolf einen Staubwedel geben, damit sie Ihnen helfen kann, das Zimmer zu putzen?« Er hatte morgens mit ihr in ihrem Schlafzimmer gesprochen, weil dies wieder einer ihrer schlechten Tage zu sein schien. Er muß ihr vorgeschlagen haben, irgendetwas zu tun, vielleicht im Haushalt zu helfen. Ich gab ihr einen Staubwedel, was mir sehr merkwürdig vorkam. Niemals zuvor hatte sie mir in irgendeiner Weise im Haushalt helfen wollen. Nach einer Weile legte Frau Woolf den Staubwedel hin und ging weg. Ich dachte, daß es ihr wahrscheinlich keinen Spaß gemacht hatte, das Arbeitszimmer zu putzen, und sie beschlossen hatte, etwas anderes zu tun.

Am späteren Vormittag sah ich sie von oben, aus dem Wohnzimmer, herunterkommen und nach draußen, zu ihrem Zimmer gehen. Nach ein paar Minuten kam sie ins Haus zurück, zog sich den Mantel über, nahm den Spazierstock und ging rasch durch den Garten zum oberen Tor. Als sie im Wohnzimmer saß, muß sie einen Brief an Herrn Woolf und ihre Schwester geschrieben haben, den sie dann auf dem kleinen Kaffeetisch liegen ließ, und rasch davongeeilt sein, damit wir sie nicht sahen.

Als ich um ein Uhr gongte, um Herrn Woolf mitzuteilen, daß der Lunch fertig sei, sagte er, er wolle nach oben gehen, um Nachrichten im Radio zu hören, daß es aber nur wenige Minuten dauern würde. Sofort danach rannte er aber die Treppe zur Küche hinunter und rief nach mir. »Louie«, sagte er, »ich glaube, daß Frau Woolf etwas zugestoßen ist. Ich glaube, sie versucht, sich das Leben zu nehmen! Welchen Weg ist sie gegangen – haben Sie sie gesehen, als sie das Haus verließ?« »Sie ging vor kurzem durch das obere Tor«, sagte ich. Es war plötzlich ein schrecklicher Alptraum. Wir rannten in den Garten, und ich lief den Gärtner suchen, falls er gesehen hatte, wie Frau Woolf zurückkam. Herr Woolf ging durchs obere Tor und rannte zum Fluß hinunter. Der Gärtner hatte Frau Woolf nicht gesehen, und deshalb lief er, so schnell er konnte, ins Dorf zum diensthabenden Polizisten. Beide liefen dann zum Fluß hinunter, um Herrn Woolf zu helfen. Er hatte ihren Spazierstock gefunden, der am Ufer im Matsch gesteckt hatte, aber von Frau Woolf war keine Spur. Sie suchten lange nach ihr, aber nichts deutete darauf hin, wo sie war. Herr Woolf überlegte, ob sie den Spazierstock hier zurückgelassen habe, um sie irrezuführen, und vielleicht zu Shepherd's

Farm gegangen war. Das war einer ihrer liebsten Spazierwege, und es war denkbar, daß sie diesen Weg gewählt hatte, damit sie allein sein könnte, und daß sie selbst nicht wußte, was sie tat. Ich begleitete ihn zu Shepherd's Cottage, aber sie war nicht da. Wir gingen zurück und suchten entlang der Flußniederungen, der Bäche und am Ufer nach ihr, bis es dunkel war und wir die Suche aufgeben mußten. Es gab nichts mehr, was wir hätten tun können.

Zwei Wochen später kam ein Polizist ins Haus, um Herrn Woolf zu sagen, daß ihre Leiche gefunden worden sei. Einige Kinder, die von Lewes aus am Fluß entlang gegangen waren, hatten ihren Körper entdeckt, der ans Ufer gespült worden war. Er erzählte, daß in den Jackentaschen schwere Steine gewesen waren, die sie dort hineingetan haben mußte, und daß sie dann direkt ins Wasser gegangen war. Und das war schrecklich. Es war das Schrecklichste, was ich je erlebt habe.

Duncan Grant*

Ich lernte Virginia Stephen kennen, als sie und ihr Bruder Adrian Fitzroy Square Nr. 29 bezogen, bald nachdem ihre Schwester Vanessa Clive Bell geheiratet hatte. Es war ein Haus in der südwestlichen Ecke des Square, und es blickte auf zwei großartige Fassaden von Adams. Der Square war heruntergekommen. Die Häuser der Reichen waren nach und nach verfallen und dienten nun als Büros, Wohnungen, Altersheime und kleine Kunsthandwerkstätten.

Ich hatte als Atelier zwei Räume im zweiten Stock eines Hauses auf derselben Seite des Square gemietet. Von der Vornehmheit des Distrikts war sicherlich nicht mehr viel übrig; das einzige Überbleibsel alter Grandeur war ein Pedell, der um den Square herummarschierte und für Ordnung unter den Kindern sorgte, mit Zylinder und einem Frack mit roten Aufschlägen und Messingknöpfen. Die Stephens waren die einzigen Leute, die, soweit ich mich erinnere, dort ein ganzes Haus bewohnten; vollständig ausgerüstet mit ihrer Köchin Sophie Farell, ihrem Mädchen Maud, einer Glocke an der Haustür und einem Hund, Hans. Zwischen Adrian Stephen und mir entwikkelte sich rasch eine enge Freundschaft, und ich brauchte nur an das Fenster im Parterre zu klopfen, um eingelassen zu werden. »Dieser Mr. Grant kommt überall rein«, bemerkte Maud einmal zu Virginia. Aber so unregelmäßig meine Besuche waren, so wurden sie in einem bestimmten Sinne bald zu häufig, um noch bemerkt zu werden.

Das Haus war ganz den Wünschen der Bewohner gemäß aufgeteilt worden. Im Parterre befand sich Adrians Arbeitszimmer, die Wände

* Maler der Bloomsbury Group (1885-1978)

von Bücherregalen bedeckt. Dahinter war das Eßzimmer. Der erste Stock diente ganz und gar als Salon – er wurde daher von allen Räumen im Haus am wenigsten benutzt. Es war ein sehr schön proportionierter Raum, mit langen Fenstern, die auf den Square sahen. Er hatte einen grünen Teppich und Vorhänge von rotem Brokat; ein niederländisches Porträt einer Dame und Watts' Porträt von Sir Lesley Stephen waren die einzigen Bilder an den Wänden. Im hinteren Teil des Raumes stand ein Musikinstrument, das Pianolo genannt wurde, in das man Papierrollen mit kleinen Löchern legte. Man trieb den Blasebalg mit den Füßen an, und Beethoven oder Wagner erklangen. (. . .)

Hier war es, wo Virginia manchmal ihre weniger vertrauten Freunde empfing, und es war auch hier, wo der Hund Hans sich auf dem Kaminvorleger erleichterte, als Lady Strachey ihren ersten Besuch machte – und keine der beiden Damen erwähnte diese Tatsache mit einem Wort.

Lebhaftere Räume waren Virginias eigenes Arbeitszimmer darüber und Adrians im Parterre. Ihr Zimmer war voller Bücher, die unordentlich herumlagen und standen, und da war ein hoher Tisch, an dem sie stehend schrieb. Die Fenster in diesem Stockwerk waren doppelt verglast. Sie war gegen Geräusche sehr empfindlich, und der Lärm aus den Gassen und von der Straße war beträchtlich. Ihrem Schreiben räumte sie jeden Morgen zweieinhalb Stunden ein. Sie schrieb nie, glaube ich, länger als diese Zeit, aber das sehr regelmäßig.

Das Arbeitszimmer im Parterre hatte die Atmosphäre eines Raumes, in dem viel gelebt wird. In diesem Zimmer versammelten sich ihre Freunde am Donnerstagabend – eine Fortsetzung jener Abende, die am Gordon Square begonnen hatten, bevor Thoby Stephen starb und Vanessa heiratete. Es war dort, wo das, was seither – im Guten oder Bösen – »Bloomsbury« genannt worden ist, entstand.

Ungefähr um zehn Uhr abends kamen die Leute gewöhnlich, und sie kamen kontinuierlich in bestimmten Intervallen bis zwölf Uhr, und nur selten ging der letzte Gast vor drei oder vier Uhr morgens. Whisky, Gebäck und Kakao war die Kost, und die Leute redeten miteinander. Wenn jemand seine Pfeife entzündet hatte, hielt er manchmal Hans, dem Hund, das noch brennende Streichholz hin, der nach ihm schnappte und es löschte. Konversation, das war alles. Aber viele Leute machten es sich zur Gewohnheit zu kommen, und wenige, die es taten, werden jene Abende vergessen.

Unter denen, die in den frühen Tagen immer kamen, waren Charles Sanger, Theodore Llewelyn Davies, Desmond Macarthy, Charles Tennyson, Hilton Young (jetzt Lord Kennet), Lytton Strachey.

Es war keineswegs ein »Salon«. Virginia Stephen war in jenen Tagen überhaupt nicht die Art von Gastgeberin, die so etwas erforderte. Sie erschien sehr schüchtern und war es wahrscheinlich wirklich und sprach die Gesellschaft nie direkt an. Sie hörte sich gewöhnlich die allgemeinen Argumente an und sagte auch ab und zu etwas dazu, aber ihre Konversation galt in der Regel nur jemandem, der neben ihr stand. Die Freunde ihres Bruders aus Cambridge kannte sie inzwischen gut, aber ich meine, da war zu der Zeit, von der ich spreche, immer etwas Distanziertes und sogar etwas ein wenig Heftiges in ihrem Verhalten Männern gegenüber. Ihren weiblichen Freunden gegenüber, besonders älteren Frauen wie Miss Pater und Miss Janet Case, die sie Griechisch gelehrt hatte, war sie offener und weniger reserviert. Sie waren für sie sehr lebendig, sowohl in der Erinnerung als auch in der Gegenwart, und sie besaßen schon ihren Platz in ihrer Vorstellung, sie gehörten zu der Welt, die sie kannte und die sie hinter sich gelassen hatte – jenes Leben mit ihren Eltern und ihren Halbbrüdern am Hyde Park Gate. Von da an waren sie und ihr Bruder und ihre Schwester stillschweigend übereingekommen, dem Leben unter ihren eigenen Bedingungen zu begegnen.

Ich glaube nicht, daß ihre neue Existenz in Virginias Vorstellung »lebendig geworden« war. Sie vermittelte einem den Eindruck, so intensiv jeder ihr neuen Erfahrung aufgeschlossen zu sein, und so intensiv interessiert an Fakten, denen sie zuvor nicht begegnet war, daß einige Zeit vergehen mußte, um dem als Ganzen eine Bedeutung zu geben. Es bedurfte der Jahre, um ihrer Vision dieser Dinge Vollständigkeit zu verleihen. (. . .)

Mit Virginia Stephens in diesen Tagen vertraut zu sein, hieß nicht, daß man es leicht mit ihr hatte. Ja, man kann sagen, je größer die

Vertrautheit, desto größer die Gefahr – die Gefahr plötzlicher Ausbrüche beißender Kritik. Ich habe den Eindruck, daß niemand für das, was er schuf, viel Ermutigung fand. Man suchte das bei ihr auch gar nicht. Nichts außer totaler Offenheit (der Kritik) wurde erwartet und gegenseitigem Respekt für den jeweiligen Gesichtspunkt. Niemand ließ sich einfallen, auf sofortigen Erfolg hinzuarbeiten, zum Teil vielleicht auch, weil das überhaupt nicht in Frage kam. Virginia Stephens arbeitete an ihrem ersten Roman, *Die Fahrt hinaus*. Sie brauchte sieben Jahre, um ihn zu vollenden. Aber ich kann mich nicht erinnern, daß irgendjemand meinte, dies sei eine übermäßig lange Zeit, um einen Roman zu schreiben.

Die innere Heftigkeit ihrer Haltung, auf die ich schon angespielt habe, verdient es, nicht vergessen zu werden, und wird vielleicht jene überraschen, die sie später in ihrem Leben kannten, als sie völlig verschwunden zu sein schien oder sich in ganz anderen Formen Ausdruck schuf. (. . .)

Niemand, die so schön und heftig war, konnte Anstoß erregen, außer bei den sehr Dummen. Aber sie war in der Lage, noch in den Philisterhaftesten Gefühle des Respektes zu erzeugen.

Die Schüchternheit oder Heftigkeit war eine notwendige Selbstverteidigung in ihrem Krieg mit der Welt. Die Welt mußte sie, das setzte sie voraus, zu ihren eigenen Bedingungen akzeptieren – oder überhaupt nicht.

Elizabeth Bowen*

Wenn Sie an Virginia Woolf denken und sich an ihre Erscheinung erinnern, fällt Ihnen dann irgendein besonderes Bild ein, das wiedergeben würde, wie sie war?

Sie war von ungeheurer Schönheit; ich glaube, daß sich die Leute, die sie kannten, daran erinnern werden, aber ich bin mir nicht sicher, ob das auch allgemein so wahrgenommen wurde. Ihre Bewegungen waren sehr geschmeidig – aber ›energisch‹ wäre das falsche Wort, weil sie nicht kraftvoll waren. Sie hatte einen schönen Gang, wenn man sie am Horizont oder ein Feld überqueren sah. Ihr Kopf saß schön auf den Schultern. Ihre Hände waren wunderschön und ihre Bewegungen die eines jungen Menschen. Ich erinnere mich daran, wie sie mir jemand beschrieb, noch bevor ich sie gesehen hatte. Ich fragte: »Wie sieht sie aus, was für ein Mensch ist sie?« Und die Antwort lautete: »Oh, sie bewegt sich spontan, leicht und auf unbewußte Weise graziös.« Und ich denke, daß man das auch, auf merkwürdige Art, in ihrem Werk spürt. Sie sagte über jemand anderes zu mir (ich weiß nicht, ob ich sagen soll, um wen es sich handelt): »An der Art, wie sie schrieb, würde ich immer erkennen, daß sie eine Schönheit war.« Ich glaube nicht, daß sie dabei auch an sich selbst dachte, aber ich bin der Meinung, daß dies ein sehr bedeutender Faktor war, jedenfalls von stärkerem Einfluß auf ihre Vorstellung von sich selbst, als ihr bewußt war.

* englische Schriftstellerin (1899–1973)

Wie gefiel Ihnen ihre Kleidung?

Nun, ihre Kleidung ... wir wußten, daß sie sich in ihrem Tagebuch nicht direkt voller Verachtung, eher voller Groll über sie äußerte. Sie *trug* ihre Kleider mit fließender Anmut. Als ich sie in einem Garten in Bloomsbury zum ersten Mal sah – wir waren auf einer reizenden Tee-Gesellschaft –, war sie in der für sie vorteilhaftesten Weise gekleidet: sie trug ein weiches, lavendelfarbenes Musselinkleid. An die Kleider selbst kann ich mich nicht gut erinnern, weil sie mit ihr eine Einheit bildeten. Ich erinnere dies originelle mauvefarbige Kleid und den Hut, den sie tief ins Gesicht gezogen trug.

Sprach sie später mit Ihnen auch über Ihre Arbeit?

Ja, das tat sie. Und das, was sie sagte (jegliche Kritik, die sie äußerte, war verbal. Ich kann mich nicht erinnern, daß sie sie je niederschrieb), hat mich begleitet, und ich fand ihre kritischen Bemerkungen höchst nützlich. Sie sagte: »Seien Sie nicht zu schlau.« Vor Henry James als Einfluß hatte sie eher Angst. Ich weiß nicht, was sie über Henry James als Person dachte, aber sie sah voraus, daß er für mich eine Gefahr darstellen könnte. Sie sagte: »Legen Sie sich nicht zu sehr fest.« Und über ein Buch von mir, *Friends and Relations*, das ich ihr geschickt hatte: »Meiner Ansicht nach ist es an manchen Stellen zu überladen, obwohl ich es wirklich gern las, denn ich spüre, daß Sie jemandem gleichen, der versucht, ein Lasso mit einem verknoteten Seil zu werfen.« ... Was mich auf die vergnüglichen Stellen in ihrem Tagebuch bringt, an denen sie sich ohne jede Zurückhaltung äußert. Wenn sie zwei oder drei Tage beschrieb, an denen ihr das Schreiben etwas Schwierigkeiten bereitet hatte, meinte sie: »Ich merkte, daß ich einige Tage lang versucht hatte, mit einem platten Reifen zu fahren.« Ihr Denken hatte etwas sehr Lebensnahes, Konkretes. Ich sage immer noch zu mir selbst: »Jetzt paß auf, laß das Seil sich nicht verknoten!« Welche Fehler sie auch immer gehabt haben mag, ich glaube nicht, daß ihr Lasso sich jemals zu Knoten verschlang.

Ich glaube, daß in den Köpfen der Leute eine ziemliche Verwirrung darüber herrscht, ob Virginia Woolf ein schwermütiger Mensch war oder nicht. Es scheint eindeutig zu sein, daß sie melancholisch war, daß sie – um einen medizinischen Ausdruck zu gebrauchen – manisch-depressiv war. Gleichzeitig aber gibt es viele Menschen, die nur von ihrer allgemeinen Fröhlichkeit und ihrem Witz erzählen. Halten Sie sie vor allem für einen fröhlichen Menschen?

Ich bemerkte – das ging gar nicht anders – eine unterschwellige Strömung, die häufig Traurigkeit, Melancholie oder große Furcht war. Aber der vorherrschende Eindruck war der eines Lebewesens voller Lachen und Bewegtheit. In ihr Tagebuch schreibt sie: »Ich genieße alles, was ich tue.« Erinnern Sie sich? – Das war an einem guten Tag. Und ihre Kraft im Ausdruck des Genießens war außergewöhnlich. Ihr Lachen war hinreißend, ein unerhörtes Lachen, fast wie das eines Kindes. Jauchzendes Lachen, wenn etwas sie amüsierte. Wie es sich ergab, war ich an dem Tag, an dem ich sie zum letzten Mal sah, in Rodmell, und ich sehe sie noch, wie sie auf dem Boden kniete und sich nach hinten bog. Wir nähten im Haus an einem zerrissenen spanischen Vorhang, reparierten ihn, und sie kippte auf die Fersen, warf ihren Kopf zurück, in einen Flecken Sonne, erste Frühlingssonne. Und dann lachte sie in dieser verschwenderischen, erstickenden, entzückten, johlenden Art. Und genau das ist geblieben. Deshalb bin ich auch recht entsetzt, wenn ich Leute erlebe, die in ihr einzig und allein die Märtyrerin sehen . . . oder sie in eindeutiger Weise der Gattung ›tragischer Mensch‹, im Bann der Dunkelheit, zuschlagen. Ihr Leben endete, soviel wir wissen, im Dunkeln, aber – wo ist sie jetzt? Keiner, glaube ich, der mit der Fähigkeit für solche Freude gesegnet war, kann im Nichts sein. Und es *war* Freude.

Hatte sie auch schlechte Eigenschaften? Was meinen Sie: wie böswillig war sie?

Oh, sie konnte fürchterlich gemein sein. Sie war teuflisch. Sie konnte über andere blitzartig Dinge sagen, die man nicht mehr vergaß. Flinke Bösartigkeiten eher als gezielte Grausamkeiten. Es hat sich nie ergeben, daß ich sie über Leute sprechen hörte, die sie wirklich nicht mochte oder haßte, deshalb weiß ich nicht, wie es war, wenn sie ihrer Wut freien Lauf ließ. Aber wenn jemand sie langweilte oder sich auf absurde Weise verhielt, konnte sie oft unfair werden – sie soll in Frieden ruhen. Ein kleiner teuflischer Satz entwich ihr dann. Und natürlich neigte sie auch, glaube ich, zur Eifersucht. Im Bereich der Kunst »wetteiferte« sie nicht, dennoch glaube ich, daß es eine Seite von ihr war, vor der man sich in acht nehmen mußte. Ich meine, daß ihre Urteile manchmal seltsam ausfielen. Es erinnerte mich manchmal an: »Der Herr Dein Gott ist ein eifersüchtiger Gott. Du sollst keine anderen Götter neben mir haben.« Gelegentlich war etwas davon bei ihr zu spüren. Und ihr Geist lief ihr manchmal davon. Über eine unglückliche Verehrerin, die sich an sie gewandt hatte, sagte sie zu mir: »Sie meint, sie sehe aus wie Shelley, aber tatsächlich ähnelt sie einer Zuckermaus.«

Und wie stand's mit ihrer Wißbegier? Erinnern Sie sich an Beispiele davon – Beispiele ihrer maßlosen Neugier?

Sie wollte aus dem Leben der Leute alle Einzelheiten erfahren. Das könnte auch daran liegen, daß sie schlicht auf Materialsuche war. Sie pflegte zu jemandem, zu mir oder mit wem sie eben sprach, zu sagen: »Also was haben Sie getan, was, ganz genau, haben Sie gemacht? . . . Sie sagen, daß Sie zu einer Party gingen, wo fand die statt, wer war dort, was hatten Sie an?« Oder: »Sie gingen die Straße hinunter, aber *warum* gingen Sie die Straße hinunter? Wer begleitete Sie? Was sahen Sie? Sahen Sie eine Katze, sahen Sie einen Hund?« Von dieser Art war ihre Wißbegier – fast wie ein Kind. Ich habe nie erlebt, daß sie sehr *tief* in etwas eindrang, und ebensowenig weiß ich, ob sie wirklich an den Herzensangelegenheiten der Menschen großes Interesse hatte oder nicht. Sie hat nie versucht, was mich betrifft, irgendetwas Verborgenes über mich herauszufinden, oder irgendetwas, das uns gemein war. Ab einem bestimmten Punkt dominierte ihre Einbildungskraft.

Gingen Sie zu vielen der späteren Bloomsbury Parties?

Ja, ich ging hin. Aber ich kannte Virginia nur in den letzten sechs oder sieben Jahren ihres Lebens. Ich war auf dieser wundervollen Party – Virginia hat sie beschrieben –, als sie ein Stück aufführten, das sie für ihre Nichten und Neffen als Darsteller geschrieben hatte – Angelica Bell war eine davon. Ich verbrachte ziemlich viele Abende in ihrer Londoner Wohnung, meist waren nicht mehr als nur ein paar Gäste im Zimmer.

War sie während den Parties aufgeregt?

Ja, ich glaube schon. Sie war nervös. Aber sie hatte sich immer vollständig unter Kontrolle. Ich will damit nicht sagen, daß sie in alberner Weise nervös war. Ganz im Gegenteil, man konnte förmlich einen bestimmten Grad an Intensität spüren. Oder sie begann mit diesem schrecklichen Spiel, die anderen aufzuziehen. Sie liebte es, den armen Tom Eliot zu necken, dem sie absolut ergeben war, und er liebte das. Aber einmal sagte sie zu ihm: »Es ist ein solcher Jammer, Tom, daß Sie Dichter wurden, anstatt bei der Bank zu bleiben. Inzwischen könnten Sie schon Direktor der Bank von England sein.« Er sah ziemlich überrascht aus, aber insgesamt freute es ihn doch. Er schnurrte wie eine sehr ernste Katze. Wenn sie Menschen gern hatte, wollte sie nur einen kleinen Spaß machen und die anderen amüsieren. Es war ihr nicht möglich, sich über längere Zeit auf ein rein formelles Gespräch einzulassen. Im ganzen gesehen übte die Gesellschaft einen neutralisierenden Einfluß auf sie aus. Wenn ich mit ihr allein war, hatte ich zunächst immer Angst und war voller Ehrfurcht. In der Regel ließ das nach. Aber manchmal schien sie müde zu sein oder besonders fern.

Nigel Nicolson*

Wenn ich aus der Schule nach Hause kam, traf ich oft Virginia in Long Barn oder Sissinghurst an. Sie konnte wundervoll mit Kindern umgehen. Sie behandelte uns wie Erwachsene, betrachtete die Kindheit nur als eine andere Seite der menschlichen Existenz. Jedes Kind hatte etwas, woran kein Erwachsener reichte; sie war entschlossen, dies jeweils Besondere zu entdecken. Sie stellte mit uns immer ein ausführliches Verhör an über die kleinsten Einzelheiten unserer überschaubaren Leben. Es wurde zu einem Spiel; sie unterbrach uns immer, um uns zu sagen, daß wir ihr nicht präzise genug die kleinen Begebenheiten unseres Schulalltags schilderten. Ich erinnere mich, daß ich einmal von Eton nach Hause kam und sie in Sissinghurst war. Sie fragte mich, was ich an diesem Tag erlebt hatte. Ich antwortete: »Ach, eigentlich gar nichts. Ich bin einfach von der Schule nach Hause gekommen und da bin ich nun.« Sie sagte: »Oh! das genügt nicht, fang von vorn an. Wodurch bist du aufgewacht?« Ich erwiderte: »Von der Sonne; die Sonne, die in meinem Zimmer in Eton durchs Fenster scheint.« Darauf sagte sie und beugte sich entschlossen vor: »Was für eine Sonne war das? War es eine fröhliche Sonne oder war es eine böse Sonne?« In dieser Form machten wir weiter und zeichneten den ganzen Tag Minute für Minute nach: Waschen vor dem Frühstück, das Frühstück selbst, Packen, die Zugreise, das Umsteigen, von einem Bahnhof zum anderen, bis zu dem Moment, wo ich durch die Tür schritt und sie traf.

Das war typisch für sie. Halb sammelte sie Material, weil sie keine

* englischer Schriftsteller, Sohn von Vita Sackville-West und Harold Nicolson (1917 geb.)

menschliche Erfahrung für so gering erachtete, um sich nicht für sie zu interessieren, und sie behielt jedes Detail im Hinterkopf; Jahre später kam es in einem ihrer Bücher in völlig veränderter Form wieder zum Vorschein oder auch nicht. Virginia hatte diese Art, daß einem die eigenen einfachen Worte und Erfahrungen plötzlich wunderbar erschienen. Man reichte ihr eine winzige Information, die so unaufregend wie ein Klumpen Blei war. Was sie zurückgab, glitzerte wie Diamanten. Wenn ich mich von ihr verabschiedete, fühlte ich mich immer so, als hätte ich zwei Gläser eines exzellenten Champagners getrunken. Sie war eine lebenssteigernde Frau. Das war einer ihrer Lieblingssätze. Sie behauptete immer, daß sich die Welt in zwei Gruppen aufteile: diejenigen, die den Lebensgenuß steigerten, und diejenigen, die ihn verminderten.

Die Erinnerungen an meinen Besuch in Rodmell haben sich in meinem Kopf ziemlich vermischt, aber das Wesen dieses Haushalts ist mir ganz klar in Erinnerung geblieben. Er war unübersichtlich, er war unordentlich, in dem Haus herrschte Kuddelmuddel. Ihr eigenes Arbeitszimmer unterm Dach, das sie abwechslungsweise mit dem Pavillon im Garten benutzte, war ein wirklich scheußliches Zimmer, aber mit einer schönen Aussicht auf die Flußniederung.

Es war keine offenkundige Ordnung in Virginias und Leonards Lebensweise zu erkennen, ebensowenig wie eine deutliche Absicht, sich mit schönen Gegenständen zu umgeben. Bilder von Duncan Grant hingen neben bunten Postkarten, die Freunde aus Italien geschickt hatten. Eine Unmenge Bücher standen in Regalen, waren auf dem Fußboden oder der Treppe aufgestapelt. Eine Menge Hunde und Katzen, ein häufiges Kommen und Gehen des Personals (obwohl es, glaube ich, nur eine Person war), aber in dem Haus schien immer große Geschäftigkeit zu herrschen, auf die dann Phasen von intensiver Ruhe und Konzentration folgten.

Ich sehe Virginia nun am Kamin in Rodmell: sie sitzt eher auf der Kante des Stuhls und vermittelt so den Eindruck von großer Wachsamkeit und Eifer, sich nichts entgehen zu lassen; fast gleicht sie einem Chamäleon, das im nächsten Augenblick seine Zunge hervorschnellen lassen wird, um einen Satz, eine Reminiszenz oder einen Charakterzug von jemandem zu erwischen. Ungeheure Lebendigkeit und dennoch, damit verbunden, ungeheuer große Freundlichkeit. Der Eindruck der Freundlichkeit speist sich hauptsächlich aus zwei Quellen: Eine davon war die überwältigende Anmut ihrer Bewegungen und ihrer ganzen Erscheinung. Selbst als Kind schon beeindruckte sie mich durch ihre große Schönheit, und ich glaube, daß ich bei ihr zum ersten Mal die Unterscheidung zwischen ›hübsch‹ und ›schön‹ schätzen lernte. Virginia war nie hübsch, aber sie blieb immer sehr schön.

Die Anmut ihrer Haltung war für uns ganz offensichtlich. Wenn sie zum Beispiel gegen einen Türrahmen lehnte, schien sie immer mit ihrem schlanken Körper eine Art S-Kurve zu bilden. Sie hatte diese instinktive Eleganz, diese natürliche Haltung, und ihre Bewegungen waren sehr langsam und zart. Besonders gut erinnere ich eine Geste: mit der nach innen gedrehten Hand strich sie sich eine lose Strähne des Haares – sie hatte sehr lange Haare – aus der Stirn; eine ganz langsame Bewegung, die sie selbst nicht wahrnahm, die aber ihre Worte akzentuierte und sie fast kommentierte.

Das zweite Element war ihre Stimme. Ihre Stimme war wie alter roter Samt; sie war außergewöhnlich tief. Am Telefon konnte man sie für die eines Mannes halten. Es lag Humor darin. Und ein Anflug von Bosheit, der mit Sicherheit zu ihrem Charakter gehörte, oder – wie man auch sagen könnte – Schalk- oder Spaßhaftigkeit. Nicht immer sehr freundlich zu Leuten, wenn sie nicht anwesend waren. Immer aber sehr freundlich, wenn sie da waren. Sie hatte einen scharfen Verstand, der vernichtend sein konnte. In ihrem Benehmen unterschied sie nicht zwischen Erwachsenen und Kindern. Mit uns sprach sie, als wären wir ihre erwachsenen gleichaltrigen Freunde, und redete ohne Hemmungen über Leute, die wir kannten. Und immer gab es eine Menge Gelächter. Es war ein sehr lustiges Haus.

David Cecil*

Wenn Sie irgendein bestimmtes Bild, irgendeinen körperlichen Eindruck von Virginia Woolf vor sich haben, welches oder welcher ist das?

Nun... dann fallen mir zwei Bilder ein. Physisch war sie sehr schön – in einer altmodischen, eher dem Stil des 19. Jahrhunderts entsprechenden Weise, mit einem ovalen Gesicht und feinen Gesichtszügen. Sie sah eigentlich wie eine Madonna aus. Andererseits hatte sie etwas Spöttisches, Amüsiertes. Stellen Sie sich eine spöttische Madonna vor, das ist ein Bild, das ich von ihr habe. Das andere hat mehr damit zu tun, was für eine Persönlichkeit sie besaß, weniger mit ihrem Gesicht. Ich spürte, daß sie außerhalb des gemeinen Lebens stand. Sie war erlesener, feinfühliger, schöner, und sie ehrte das Schöne selbst – aber irgendwie war sie ausgeschlossen von der Wärme der gewöhnlichen Menschheit. Sie war eher wie eine Meerjungfrau. Ich dachte, sie sei wie eine schöne Meerjungfrau, die aus dem Meer hochgetaucht war, um uns allen zuzuschauen – sehr wißbegierig, sehr interessiert. Aber eben wie eine Nixe.

Hatten Sie den Eindruck, daß sie sich gerne mit anderen Menschen unterhielt und ihnen Fragen stellte – alle Arten von Fragen über deren Lebensweise und Überzeugungen?

Virginia war ein außergewöhnlich selbstloser Gesprächspartner. Sie schien viel stärker an dem interessiert zu sein, was andere sagten, als an dem, was sie selbst sagte. Sie stellte einem eine Menge Fragen

* englischer Literaturwissenschaftler und Autor von Biographien (1902 geb.)

und schien an den Antworten äußerst interessiert zu sein. Die Fragen bezogen sich auf alles mögliche, sie reichten von: »Um wieviel Uhr nimmt Ihre Mutter das Abendessen ein?« – gesellschaftliche Gewohnheiten interessierten sie – bis hin zu: »Glauben Sie an Gott?« Sie schien sehr überrascht zu sein, als ich ihr sagte, daß ich gläubig sei.

Christopher Isherwood*

Man erinnert sich vor allem anderen an diese wundervollen, traurigen Augen, an die schlanke, aufrechte, hochschultrige Gestalt, merkwürdig angespannt, wie auf der Lauer, einen fernen Klang zu vernehmen; das Haar ist von der eierschalenhaften Zartheit der Schläfen zurückgekämmt; das kleine, wundervoll geschnittene Gesicht ist wie eine Kamee von Tennyson – Mariana oder die Dame von Shalott. Ja, dies genau ist der Eindruck, den man gern vermitteln möchte – eine unglückliche, hochgeborene Dame aus einer Ballade, eine verzauberte Märchenprinzessin, von uns anderen leicht entrückt, ein Profil im Gegenlicht eines Sonnenuntergangs, Hände, die hilflos im Schoß liegen, eine schockierende Momentaufnahme intensiven Leidens.

Was für ein Unsinn! Wir sitzen am Teetisch. Virginia sprüht vor Fröhlichkeit, delikater Bosheit und Klatsch – dieser Sorte Klatsch, die auch den Stil ihrer Bücher ausmacht und sie zur besten Gastgeberin Londons werden ließ; ihr zuhörend versäumten wir Verabredungen, vergaßen Liebesaffären, blieben Stunden um Stunden bis in den Morgen hinein, bis man uns freundlich, aber entschieden aufforderte zu gehen. Diesmal ist der Ehrengast ein berühmter Romanautor, dessen beträchtliche Einnahmen, trotz allem, unter Beweis stellen, daß man von der Kunst leben kann. Er ist schon recht bescheiden – aber Virginia mit sadistischer Bosheit, die der einer älteren, sich lustig machenden Schwester gleicht, holt alles aus ihm heraus: wieviel Zeit einem die New Yorker Verleger gaben, wieviel die Leute vom Film, und was der König sagte, und der Kronprinz von Schweden –

* angloamerikanischer Schriftsteller (1904–1986)

sie ist gnadenlos. Und, wenn alles vorbei ist: »Wissen Sie, Jeremy«, sagt sie zu ihm und lächelt dabei fast zärtlich, »Sie erinnern mich an eine wunderschöne, preisgekrönte Kuh...« »Eine Kuh, Virginia...?« Der Romancier schluckt, aber grinst tapfer zu mir herüber, entschlossen, mir zu zeigen, daß er es mit Fassung tragen kann. »Ja... eine sehr, sehr feine Kuh. Sie gehen hinaus in die Welt, gewinnen alle Arten von Preisen, aber allmählich heften sich immer mehr Kletten an Ihren Mantel, und deshalb müssen Sie wieder zu Ihrem eigenen Feld zurückkehren. Und in der Mitte des Feldes befindet sich ein grober alter Steinpfosten, an dem reiben Sie sich und befreien sich von den Kletten. Meinst Du nicht auch, Leonard...«, sie sieht zu ihrem Mann hinüber, »daß das unsere wahre Bestimmung im Leben ist? Wir sind Jeremys alter steinener Scheuerpfosten.«

Was bleibt noch über sie zu sagen? Die Kritiker zählen sie zu den vier größten englischen Schriftstellerinnen. Die Freunde werden ihre Schönheit, ihre Einzigartigkeit, ihren Charme erinnern. Ich bin sehr stolz darauf, sie gekannt zu haben. War sie die verzauberte Prinzessin oder das böse kleine Mädchen bei der Tee-Party? – oder beide, oder keine von beiden? Ich kann es nicht sagen. In jedem Fall war sie, wie die Spanier es ausdrücken würden, ›sehr rar‹, und diese Welt war kein Ort für sie. Ich bin glücklich, wenn ich daran denke, daß sie von ihr befreit wurde, bevor alles, was sie liebte, auseinanderfiel. Wenn ich nach einer Grabschrift für sie suchen müßte, die ihren eigenen Schriften entstammt, würde ich diese wählen:

Es war getan; es war vollendet. Ja, dachte sie, in äußerster Erschöpfung den Pinsel weglegend, ich habe sie gehabt, meine Vision.

Bild- und Textnachweis